【南梁精神研究专集】

《人文甘肃》系列丛书编委会 编

人文甘肃

RENWEN GANSU

肆

甘肃教育出版社

图书在版编目（CIP）数据

人文甘肃. 四 /《人文甘肃》系列丛书编委会编. -- 兰州：甘肃教育出版社，2019.10（2021.10重印）
ISBN 978-7-5423-4733-6

Ⅰ. ①人… Ⅱ. ①人… Ⅲ. ①文化史－甘肃 Ⅳ. ①K294.2

中国版本图书馆CIP数据核字(2019)第217638号

人文甘肃（四）

《人文甘肃》系列丛书编委会 编

责任编辑　祁　莲
装帧设计　陈晓燕

出　版　甘肃教育出版社
社　址　兰州市读者大道568号　730030
网　址　www.gseph.cn　　E-mail　gseph@duzhe.cn
电　话　0931-8773145（编辑部）　0931-8435009（发行部）
传　真　0931-8773056
淘宝官方旗舰店　http://shop111038270.taobao.com

发　行　甘肃教育出版社　印　刷　兰州新华印刷厂
开　本　787毫米×1092毫米　1/16　印张 17.5　插页 2　字数 200 千
版　次　2019 年 10 月第 1 版
印　次　2021 年 10 月第 2 次印刷
印　数　5 081～8 630
书　号　ISBN 978-7-5423-4733-6　定　价　58.00 元

图书若有破损、缺页可随时与印厂联系：0931-2607208
本书所有内容经作者同意授权，并许可使用
未经同意，不得以任何形式复制转载

《人文甘肃》系列丛书编委会

主　任

欧阳坚

副主任

康国玺　郭天康　陈　伟

委　员

（以姓氏笔画为序）

马步升　王成勇　王宗礼　王学俭　王福生　田　澍
冯　湖　刘永升　刘先春　李　均　李燕青　朱卫国
张正锋　张永贤　张克非　张新平　陈泽奎　杨红伟
杨维军　武玉鹏　郑炳林　范　鹏　封　尘　赵一红
赵声良　赵金云　徐兆寿　倪国良　康　劲　管钰年

寄 语

文化是民族的根脉，是民族精神的灯塔。在人类社会发展的历史长河中，勤劳智慧的中国人民创造了博大精深的中华文明，为中华民族生生不息、发展壮大注入了强大的精神力量。站在新的历史起点，以习近平同志为核心的党中央把文化建设、传承和创新摆在更加突出的位置，发出了推动社会主义文化繁荣兴盛、建设社会主义文化强国的时代号召。党的十九大更是将坚定文化自信和推动文化繁荣兴盛上升到关系中华民族伟大复兴的高度，为发展中国特色社会主义文化提供了行动指南。

甘肃是华夏文明和中华民族的重要发祥地，是古代中西方文明交流的重要通道，也是中华民族重要的文化资源宝库。数千年来，甘肃人民创造的辉煌灿烂的甘肃文化，成为五千年中华文明的缩影，印证了中华文明发展的轨迹。甘肃境内既有伏羲文化、大地湾文化、仰韶文化、马家窑文化、齐家文化等悠久厚重的史前文化，也有敦煌文化、丝路文化、农耕文化、民族民俗文化等异彩纷呈的地域文化，还有黄河文化、红色文化、

Cultural Gansu 甘肃

工业文化以及《读者》杂志、舞剧《丝路花雨》等争奇斗艳的现代文化，这些都是甘肃人民在长期奋斗中孕育出来的宝贵财富，竞相彰显着甘肃文化的丰富内涵和独特风情，集中体现了甘肃文化融合性、多元性、包容性和开放性的统一。

甘肃文化世代传承、历久弥新，显示出强大的生命力和创造力。深厚的历史积淀和文化底蕴，造就了甘肃人民兼容并蓄、和谐共处的鲜明特质，锤炼了甘肃人民顽强拼搏、迎难而上的坚定意志，砥砺了甘肃人民勤劳淳朴、艰苦奋斗的精神品格。在这片土地上涌现出的长征精神、南梁精神、铁人精神、"三苦"精神、航天精神，以及以"人一之、我十之，人十之、我百之"为核心的甘肃精神，深深植根于甘肃自然和人文的丰厚土壤，熔铸于陇原大地生生不息的火热实践，成为激励陇原儿女坚韧不拔、奋发进取、改革创新的不竭动力。

进入新时代，甘肃迈向了新的发展阶段，全省人民正在朝着全面建成小康社会、建设幸福美好新甘肃的奋斗目标阔步前进。在这个伟大的征程中，很重要的一个方面就是要推动优秀传统文化创造性转化、创新性发展，促进文化事业大繁荣，铸就甘肃文化新辉煌，把甘肃丰富的文化资源转化为强大的文化力量，让广大干部群众从深厚的文化底蕴中汲取前行营养，提振干事创业的精气神，凝聚团结奋进的正能量，积极投身甘肃发展的广阔天地，在加快各项事业发展中强化新担当、展示新作为、做出新贡献，真正干出经得起历史、人民和实践检验的新业绩。

  甘肃省政协组织编纂的《人文甘肃》系列丛书，秉承"提振甘肃人文化自信"这一主旨，将省内外名家力作和研究成果集结成册，系统化挖掘甘肃文化内涵，全景式展现甘肃文化风貌，多角度阐释甘肃人民的创业史和奋斗史，为社会各界更加全面深入地了解甘肃提供了一个重要窗口，也为讲好甘肃故事、传播甘肃声音、宣传甘肃发展成就搭建了一个重要平台，相信对于增强甘肃人民的自信心、提升甘肃人民的自豪感、扩大甘肃的影响力和美誉度将产生有力的推动作用。

中共甘肃省委书记
甘肃省人大常委会主任

目录 CONTENTS

001　欧阳坚：
　　让南梁精神永放光芒

017　高永中：
　　南梁精神的历史地位和时代意义

031　朱健：
　　南梁精神与红船精神一脉相承的当代启示
　　——学习习近平对以上两个革命精神阐释的思考

041　陈安　黄敬荣：
　　苏区精神与南梁精神的契合性探究

051　刘正平：
　　对南梁精神形成原因的再认识
　　——兼论与井冈山精神形成原因的共性

目录 CONTENTS

061 田超：

答好时代问卷的制胜基因

——试析南梁精神与西柏坡精神的共性

071 朱涛：

南梁精神与党的群众路线

085 刘秉政：

南梁精神与新时代党的建设新的伟大工程

097 张桂山：

南梁精神对党的群众路线发展的历史贡献

109 杨林兴：

中国共产党人的初心与南梁精神

119 刘治立　侯普慧：

马克思主义与中华传统文化的融合

——论南梁精神的文化基础

131 李仲立：

区域地理环境和优秀文化传统的统一

——南梁精神解读

141 杨树霖：

南梁精神与陕甘边革命根据地廉政文化

149 黄先禄：

陕甘边区干部政治教育的思想与实践研究

163 阎晓辉：

南梁精神在当代高校思想政治教育中的价值

目录 CONTENTS

175 徐振伟：
论刘志丹的光辉人格和崇高精神

185 杨琦明　唐贤健：
刚健沉毅　精神永恒
——林伯渠心目中的刘志丹及南梁精神

195 赵晓红：
从陕甘革命根据地的创建看共产党人的团结协作精神

207 王晋林：
南梁精神在新时代的实践要求

217 李荣珍：
以弘扬南梁精神助推脱贫攻坚的思考

231 何等强：

　　弘扬南梁精神　做好人民政协工作

239 刘祯贵：

　　近年来南梁精神研究情况综述

253 王立明：

　　陕甘革命历史题材长篇小说、连环画创作出版述略

让南梁精神永放光芒

欧阳坚

南梁精神是土地革命战争时期马克思主义中国化在西北大地成功实践的结晶，是以刘志丹、谢子长、习仲勋等老一辈革命家为代表的陕甘共产党人，在血与火的革命斗争实践中，所铸就的党性修养、斗争精神、革命意志和宝贵品格的集中体现，是党的革命精神的源头活水之一，昭示了我们党的奋斗初心和使命。南梁精神标定了中国革命从低谷走向成功的胜利航标，也为新时代坚持和发展中国特色社会主义注入了强大的精神力量。

一、南梁精神是我们党的宝贵精神财富和丰厚政治资源

南梁精神是我们党在长期奋斗历程中形成的优良传统和革命精神，是若干起义、兵运斗争和根据地建设中党的性质宗旨、理想信念、奋斗目标的集中实践，是共产党人在生与死、血与火考验中结出的硕果，是一笔宝贵的精神财富和丰厚的政治资源。

首先，以面向群众、忠诚为民的斗争精神，矢志不渝地站稳"江山就是人民，人民就是江山"的根本立场。

这是南梁精神的根基所在。南梁根据地领导人始终把领导人民群众建立工农苏维埃民主政权、争取和维护人民群众的根本利益作为自己的奋斗目标，始终把自己看成是红军部队和苏维埃政府中的普通一员，坚持和人民群众打成一片，选举群众代表参加政权建设和社会事务管理，群众和战士们亲切地称呼他们为"老刘""老谢"和"仲勋"。毛泽东称刘志丹是"群众领袖、民族英雄"，称谢子长是"民族英雄""虽死犹生"，称习仲勋是"从群众中走出来的群众领袖"。

其次，以坚守信念、百折不挠的进取精神，矢志不渝地坚持"革命理想高于天"。

这是南梁精神的核心所在。南梁根据地领导人在革命斗争中，虽屡经挫折和失败，但丝毫没有动摇革命的理想操守，始终以坚定的信念不惧失败挫折，以百折不挠的精神愈战愈勇。在红二十六军南下失败的困境中，刘志丹坚定地鼓舞红军指战员说："月亮都有时圆有时缺呀！革命在一时一地的失败，算得了什么？失败了再来呀！"[1]谢子长一家先后有十七人投身革命，

---

[1] 李振民、张守宪：《刘志丹传略》，《西北大学学报（哲学社会科学版）》，1980年第3期。

九人为革命献出了生命,但他坚定地说:"共产党是杀不完的!"[1]在错误肃反中习仲勋被关押,有人偷偷向他暗示可以帮助他逃跑,但他明确表示要"为党尽忠"![2]正是凭着这种"百折不回、至死不变,垮了再来、再垮再来"的精神和毅力,才成功创建了这块"硕果仅存"的根据地。

第三,以立党为公、顾全大局的奉献精神,矢志不渝"不计私利、不计一时一地之得失"地维护党的团结统一。

这是南梁精神最鲜明的特质。在艰苦的革命斗争中,南梁根据地领导人始终秉持高度的党性原则,高扬顾全大局的团结精神,胸怀博大,忍辱负重,严于律己,襟怀坦荡,尽一切努力维护部队的团结,维护党和红军的团结,在自身十分艰难的情况下,仍然抽调武器、经费并派出红二十六军主力部队,支援陕北建立革命根据地和开展反"围剿"斗争。在1935年错误肃反中,刘志丹看见了逮捕自己的密令,为避免党和红军内部的分裂,他毅然前往瓦窑堡说明情况,被捕后还告诫狱中的同志"我们死也不能说假话,黑云总遮不住太阳"。周恩来评价说:"刘志丹同志对党忠贞不贰,很谦虚,最守纪律。他是一个真正具有共产主义品质的党员。"[3]正是靠这种品格,南梁革命根据地才

---

[1] 李振民、张守宪、梁星亮、董建中:《谢子长传略》,《西北大学学报(哲学社会科学版)》,1980年第4期。

[2] 崔晓民等:《习仲勋的故事》,陕西人民出版社,2009年,第33页。

[3] 习仲勋:《群众领袖 民族英雄——回忆刘志丹同志》,《人民日报》,1979年10月16日。

具有强大的凝聚力、向心力和战斗力，才经受住了种种严峻考验，并一步一步发展壮大。

第四，以求实开拓、敢为人先的创新精神，"不迷信书本教条、永远扎根大地"，矢志不渝地坚持走正确的革命道路。

这是南梁精神的精髓所在。南梁根据地领导人始终坚持把党的革命理论同创建南梁革命根据地的斗争实践结合起来，按照客观条件制定政策，独立处理革命中遇到的重大问题，敢于走前人没有走过的路，敢于做别人没有做过的事，敢于坚持走正确的革命道路，在建立革命武装、创建根据地、开展游击战争、实行统一战线、加强党的建设等方面，创造性地提出了"三色"建军方式、"狡兔三窟"式的根据地发展战略和"梢林中的马克思主义"，成功地探索出了红军发展和革命根据地创建的南梁模式、南梁道路，表现出了政治上的清醒和独创精神，为探索中国革命正确道路做出了重大贡献。正是因为南梁根据地领导人坚持学习马克思主义、运用马克思主义、结合实际发展马克思主义的求真、求实、求是的精神，才使得南梁革命根据地得以从无到有、从小到大、从弱到强。

二、南梁精神为中国革命、建设事业提供了丰厚的红色养分

2009年6月7日，习近平同志到甘肃庆阳视察时指出，"对南梁的革命历史一定要好好研究"，要突出两个方面：一是陕甘革命根据地"是中央和中央红军长征的落脚点，也是八路军奔赴抗日前线的出发点，这片热土孕育了革命，为中国革命做出了历史性的贡献"；二是陕甘革命根据地是"硕果仅存"的革命根据地。这片红色土地和植根于此的南梁精神作为中国共产党人的优秀基因，为中国革命、建设、改革和党的建设提供了有益经验和红色养分。

第一，为党长期执政提供了有益借鉴。

南梁苏维埃政府先后管辖数十个县级苏维埃工农民主政权，对政权建设、经济建设、改善民生等各个方面都进行了有益而成功的探索，形成了以"十大政策"为主要内容的一整套适应南梁革命根据地建设和发展的、深受广大根据地军民欢迎的政策体系。这一系列局部执政的生动实践，为党在陕甘宁边区时期执政乃至全国执政提供了成功的范例。

第二，为全面加强党的建设积累了宝贵经验。

南梁根据地领导人始终把党的建设放在一切工作的首位，在党的思想、组织、作风建设等方面，进行了全方位的探索与实践，形成了包括政权建设、经济建设、军事建设、文化社会建

设、统一战线工作和党的建设在内的较为完整的思想理论体系，在根据地营造了"只见公仆不见官"的良好和谐社会风气。这些探索实践，不仅促进了南梁革命根据地的巩固和发展，也为延安时期党的理论创新发展提供了丰富营养。

第三，为推进反腐败斗争和廉政建设提供了鲜活样板。

南梁苏维埃政府把一切权力置于阳光之下，用制度管事管人，制定颁布了《暂行条例十八条》《赤卫军暂行简明军纪》等勤政廉洁的条例法规，为苏维埃政府的廉政建设提供了保障。南梁政府颁布的"党政军干部贪污公款十元以上者处以死刑"法令，其严厉程度是其他根据地的苏维埃政府所没有的，使得南梁的苏区干部中没有发生过贪污腐败案件。

第四，为坚持和践行党的群众路线树立了光辉典范。

南梁根据地领导人坚持"血浓于水"式的群众工作方法，对边区人民群众的利益秋毫无犯，始终同普通干部战士同甘苦、共患难，有效维护了人民群众的根本利益，为完善和发展党的群众路线奠定了基础。南梁根据地之所以能够"硕果仅存"，最根本的就在于把群众利益放在第一位，一切为了群众，一切依靠群众，一切让群众说了算。

第五，为践行社会主义核心价值观提供了精神养分。

南梁精神与社会主义核心价值观有着深厚的内在关联，在指导思想上是高度统一的，都是坚持以马克思列宁主义为指导

陕甘宁三省区政协传承和弘扬南梁精神研究座谈会于 2018 年 5 月 30 日在甘肃省庆阳市召开

的；在理想信念上是高度契合的，都把实现社会主义作为共同信念，把实现共产主义作为最高理想，具有同源、同根、同向的关系；在价值追求上是高度一致的，社会主义核心价值观倡导的国家层面的奋斗目标"富强、民主、文明、和谐"，也是南梁苏维埃政权的最高追求。因此，可以说，南梁精神是社会主义核心价值观体系的精神源头之一，践行社会主义核心价值观是弘扬南梁精神的有效载体和应有之义。

第六，为有效开展统一战线工作进行了积极探索。

南梁革命根据地领导人坚持把原则性和灵活性结合起来，创造性地开展统一战线工作，丰富和发展了党的统一战线理论和实践。比如，他们坚持又斗争又联合的策略，发展壮大了革命根据地，一方面同国民党反动派进行正面斗争，另一方面又同白区商人开展贸易，发展活跃苏区经贸；正确执行党的民族宗教政策，尊重民族宗教习惯，开展争取少数民族解放的革命斗争。这些做法，为发展党的统一战线、完善党的统一战线思想做出了突出贡献。

第七，为实现中华民族伟大复兴的中国梦注入了精神动力。

南梁革命根据地领导人"要把中国全闹红"[1]的革命志向，

---

[1] 张桂山、吕律主编：《庆阳老区红色诗歌》（下），中共党史出版社，2015年，第41页。

充分体现了南梁苏维埃政府的奋斗目标和老一辈革命家的初心使命。共产党就是为人民服务的，就是为老百姓办事的，让老百姓生活更幸福就是共产党的事业。南梁精神就是这种初心使命的源头之一，既为夺取南梁革命斗争胜利、实现南梁苏维埃政权的奋斗目标提供了强大的精神支柱和力量源泉，也为新时代实现中华民族伟大复兴注入了不竭的精神动力。因此，也可以说，南梁是中国梦起步的地方之一。

三、大力传承和弘扬南梁精神，走好新时代的长征路

中国特色社会主义进入新时代，南梁精神作为中国共产党精神力量的源头活水之一，饱含着党的初心使命，是中国共产党人安身立命的根本，永远都不能变，永远都不能忘。弘扬南梁精神就是追忆初心、坚守初心、践行初心，就是要以中国革命精神为激励，坚定不移地为实现中华民族伟大复兴的中国梦接续奋斗。

首先，我们必须始终为人民做事，坚持以人民为中心的发展理念。

一心一意为老百姓闹革命、谋利益，是南梁革命根据地成功的根源所在。传承弘扬南梁精神，就是要把党的群众路线贯彻到治国理政全部活动之中，始终坚持以人民为中心的发展理念，把人民对美好生活的向往作为奋斗目标，把让老百姓过上好日子作为我们党一切工作的出发点和落脚点，紧紧依靠人民

创造历史伟业。要坚定不移贯彻落实新发展理念，提高经济发展的质量和效益，全力打赢打好脱贫攻坚战，着力解决发展不平衡不充分的问题，努力实现更高质量、更有效率、更加公平、更可持续的发展。要坚持和完善我国社会主义基本经济制度和分配制度，促进收入分配更合理、更有序，使发展成果惠及全体人民。要坚持在发展中保障和改善民生，在发展中补齐民生短板、促进社会公平正义，在幼有所育、学有所教、劳有所得、病有所医、老有所养、住有所居、弱有所扶上不断取得新进展，保证全体人民在共建共享发展中有更多获得感，不断促进人的全面发展、全体人民共同富裕。要尊重人民的首创精神，自觉拜人民为师，向能者求教，向智者问策，从群众中汲取无穷的智慧和力量。

其次，我们必须坚守理想信念，不忘革命初心，始终保持对党忠诚。

无论遇到任何困难和挫折都相信党、依靠党、把党的利益放在第一位，是南梁革命根据地得以创建和发展壮大的政治灵魂。传承和弘扬南梁精神，关键是要把对党绝对忠诚老实作为每个党员的基本素质，在增强"四个意识"、坚定"四个自信"、做到"两个维护"上增强政治自觉，坚决维护习近平总书记党中央的核心、全党的核心地位，坚决维护党中央权威和集中统一领导，坚决贯彻习近平新时代中国特色社会主义思想。要坚定理想信念，始终保持对马克思主义的坚定信仰、对共产主义和中国特色社会主义的坚定信念，做到政治信仰不变、政治立场不移、政治方向不偏。要把政治能力作为根本，不断提高政治敏锐性和政治鉴别力，善于识别"两面人"和"伪忠诚"，坚决抵制"低级红"和"高级黑"。要把崇尚实干、狠抓落实作为对党忠诚的具体行动，牢记"社会主义是干出来的"，推动党的路线方针政策落地生根，努力创造经得起实践、人民、历史检验的业绩。

第三，我们必须强化大局意识，自觉在大局下开展工作。

特别顾全大局，不计一时一地之得失，是南梁革命根据地创建和发展的制胜关键。传承弘扬南梁精神，就是要善于着眼大局，从全局高度和用长远眼光观察形势、分析问题，正确把握党和国家事业发展的大局大势，不因形势复杂而迷失方向，不因局部利益而计较得失，做到自觉在大局下行动。要坚决维护大局，自觉增强政治警觉性和政治鉴别力，在重大政治原则问题上站稳立场，明辨是非，坚持党的领导不动摇，始终保持政治定力，做政治上的明白人。要主动服务大局，坚决把思想和行动统一到中央对形势的分析判断和总体部署上来，遵循事物发展规律，把握事物发展方向，审时度势，多谋善断。要做到识大体、顾大局，坚决防止急功近利、竭泽而渔的短期行为，发扬"钉钉子"精神，坚持一张蓝图绘到底，以功成不必在我的态度，兢兢业业、排除万难，一步步把美好蓝图变为现实。

Cultural Gansu 甘肃 012

陕甘边革命根据地南梁革命纪念馆

第四，我们必须开拓创新，坚持把改革开放进行到底。

开拓创新，不唯上、不唯书，不教条执行马列主义，是南梁革命根据地创建和发展的根本保障。传承弘扬南梁精神，就是要学习老一辈革命家坚持实事求是、敢于和善于开拓创新的政治勇气，把实事求是、开拓创新作为一种常态和必备武器，努力克服前进道路上的艰难险阻，勇于推进理论创新，始终用发展着的马克思主义理论指导新的实践。要始终坚持中国特色社会主义的正确方向，敢破敢立、敢闯敢试敢担当，敢于涉险滩敢啃硬骨头，既勇于冲破思想观念的障碍，又勇于突破利益固化的藩篱。要尊重实践、尊重创造，鼓励大胆探索和勇于进取，创造各种有利条件，为各行业各方面的劳动者、企业家、创新人才、各级干部创造发挥作用的舞台和环境，聚合起一往无前的磅礴力量，义无反顾地把中国特色社会主义伟大事业不断推向前进。

第五，我们必须画大同心圆，广泛凝聚实现中华民族伟大复兴的正能量。

人心向背、力量对比是决定党和人民事业成败的关键，是最大的政治。坚持又斗争又联合，使敌人越少越好、朋友越多越好，是南梁革命得以胜利、根据地得以保存的重要法宝。中国特色社会主义事业越是向前推进，越需要汇集最广泛的力量。传承和弘扬南梁精神，就是要学习老一辈革命家坚持立足地域实际和斗争需要，正确认识和灵活运用党的统一战线法宝的斗争艺术，不断巩固和发展最广泛的爱国统一战线，牢牢把握大团结大联合的主题，正确处理好一致性和多样性的关系，最大限度地把一切可以团结的力量广泛团结起来，把一切可以调动的积极因素充分调动起来，共同致力实现中华民族伟大复兴的中国梦。要坚持和完善中国共产党领导的多党合作和政治协商制度，充分发挥人民政协作为加强党对各项工作领导的重要阵地、用党的创新理论武装各界代表人士的重要平台和化解矛盾、增进共识的重要渠道的重要作用，坚持建言资政和凝聚共识双向发力，既做党的路线方针政策的宣传员，把所联系的界别群众最广泛、最紧密地团结在党的周围，听党话、跟党走；也要想群众之所想，急群众之所急，把各界别基层群众的意愿诉求收集反映上来，融入决策之中，着力画大民心民意的同心圆。要深入推进协商民主广泛多层制度化发展，坚持协商于决策之前和决策实施之中，有事多商量、遇事多商量、做事多商量，众人的事由众人商量着办，把大多数人的意见特别是正确的意见纳入决策之中，提高决策的科学性；把少数人的正确意见变成大多数人的共识，为决策合情、合理、顺畅实施奠定广泛的民意基础，增强决策的可行性，找到全社会意愿和要求的最大公约数。

总之，新时代是在不忘初心、牢记使命中砥砺奋进、继续前行的时代，是在传承中发展、在发展中创新的时代。我们要讲好党的故事、红军的故事、南梁革命根据地的故事，让广大人民群众深刻认识到红色政权来之不易，新中国来之不易，中国特色社

会主义来之不易,把南梁精神蕴含的红色基因、精神养分融入血脉,赋予时代价值,用伟大的南梁精神指引我们不断取得新的更大的胜利。

(作者系甘肃省政协党组书记、主席)

南梁精神的历史地位和时代意义

高永中

在波澜壮阔的中国革命历史上，在南梁根据地基础上形成的陕甘革命根据地以星星之火，形成燎原之势，点燃中国西北高原的黄土地，照亮中国西北的夜空，承接和促成了我们党领导的中国革命从红军第五次反"围剿"失败到全民族抗日战争胜利兴起的历史性转变，形成了穿越时空的宝贵精神财富——南梁精神。在中国共产党伟大革命精神系列中，南梁精神是一笔宝贵的巨大的具有独特历史地位的精神财富，值得我们下大功夫用有说服力的事实来研究。深入研究南梁精神，要注重解决好局部和全局的关系、历史和现实的关系。要站到中国革命的全局中来研究南梁精神，既要看到南梁精神的特点，更要看到南梁精神在全局中的独特历史贡献和历史作用，确立南梁精神应有的历史地位，使其焕发新的时代光芒。

一、南梁精神是陕甘边革命根据地"硕果仅存"的精神指南和精神支柱,具有重要历史贡献和历史作用

南梁精神是土地革命战争后期,刘志丹、谢子长、习仲勋等中国共产党人,带领人民群众在创建和发展以南梁为中心的陕甘革命根据地的斗争中,逐渐培育和形成的以"面向群众、坚守信念、顾全大局、求实开拓"为主要内涵的一种革命精神。陕甘根据地的创建和发展孕育了南梁精神,南梁精神也推动促进了陕甘根据地的创建和发展。历史表明,南梁精神是"硕果仅存"的陕甘革命根据地的精神指南和精神支柱,具有重要历史贡献和历史作用。

"面向群众"是南梁精神的根基,充分体现了中国共产党伟大革命精神的根本特征。没有"面向群众",就没有"硕果仅存"。我们党一贯主张并坚持走群众路线,在陕甘根据地,无论是红军,还是苏维埃政府,都把维护和实现人民群众利益作为革命的根本目的,紧紧依靠群众,真诚关心群众,始终与群众打成一片,让人民真正当家做主,形成了"只见公仆不见官"、政清人和的生动局面。习仲勋曾说:"陕甘边之所以能迅速发展,与陕甘边的党组织和红军紧紧扎根于人民群众之中是分不开的。"毛泽东到陕北后,非常赞赏陕甘根据地的群众工作,赞扬刘志丹是"民族英雄、群众领袖",谢子长是"民族英雄""虽死犹生",习仲勋是"从群众中走出来的群众领袖"。这是我党最高领导人对南梁精神主要创立者的高度评价,也是南梁精神历史贡献的生动写照。

"坚守信念"是南梁精神的核心,充分体现了中国共产党伟大革命精神的政治本色。没有"坚守信念",就没有"硕果仅存"。理想信念是共产党人精神上的"钙",没有理想信念、理想信念不坚定,精神上就会"缺钙",就会得"软骨病"。坚定理想信念,坚守共产党人的精神追求,始终是共产党人安身立命的根本,是共产党人经受住各种考验的精神支柱,也是南梁精神的核心。大革命失败后,以刘志丹、谢子长、习仲勋等为代表的中国共产党人,坚守信念,坚持革命,在陕甘地区先后组织和发动了大小七十多次武装起义,但都失败了。面对屡次挫折和失败,他们毫不气馁,垮了再来,再垮再来。依靠矢志不渝的理想信念,他们最终成功创建陕甘边和陕北革命根据地。在斗争过程中,为什么他们屡经挫折和失败,依然不惧失败挫折,不怕流血牺牲,百折不挠,甚至在错误肃反中被逮捕关押,在面临着生命危险的情况下,依然胸怀坦荡,从容面对?就是因他们人人心中有坚定的理想信念,没有对理想信念的坚守,要做到这一切,是不可能的。没有根据地领导人对理想信念的坚守,要做到"硕果仅存"也是不可能的。

"顾全大局"是南梁精神的特质,充分体现了中国共产党伟大革命精神的宝贵品质。没有"顾全大局",就没有"硕果仅

存"。不谋万世者不足谋一时，不谋全局者不足谋一域。毛泽东曾指出："共产党员必须懂得以局部需要服从全局需要这个道理。"顾全大局是中国共产党革命精神的宝贵品质。陕甘革命根据地创建时期，屡遭坚持"左"倾错误思想的领导者的无端指责。"右倾机会主义""逃跑主义""梢山主义""有浓厚的土匪色彩"，大帽子一顶接一顶。面对一大堆错误批评，根据地领导人不计个人荣辱和得失，始终都以大局为重，忍辱负重，积极维护根据地党和红军的团结。1935年9月，错误肃反开始时，习仲勋坚守岗位并对错误肃反进行抵制，有人劝他出去躲一躲，习仲勋坚定地说："不能走。我落一个法西斯分子，把我杀了，我也不能走。"刘志丹1932年就冷静处理了"三嘉塬收枪事件"，保存了革命力量。在错误肃反中被关押时，他仍劝前来看他的干部群众，一定要顾全大局，加强团结。他多次劝慰受迫害的同志以大局为重，说："中央来了，今后一切事情都好办了。"劝大家不要把过去的事情放在心上，要相信党中央和毛主席会解决好的。正是靠着这种顾全大局的南梁精神，陕甘革命根据地才经受住种种风险考验，不断发展壮大，得以"硕果仅存"。

"求实开拓"是南梁精神的精髓，充分体现了中国共产党伟大革命精神的核心要义。没有"求实开拓"，就没有"硕果仅存"。求实开拓是贯穿我们党的全部实践、全部理论的一条基本脉络，也是中国共产党革命精神的核心要义。陕甘革命根据地领导人经历了许许多多的失败，但他们从当地实际出发，汲取教训，解放思想，创造性地提出"三色"建军方式和"狡兔三窟"式的游击区域相互配合、共同发展开辟革命根据地的战略，终于成功创建了陕甘革命根据地。刘志丹、谢子长、习仲勋等同志始终坚持把党的革命理论同根据地的斗争实践结合起来，按照客观条件决定政策，独立处理重大革命问题，在建立革命武装、创建根据地、开展游击战争、实行统一战线、加强党的建设等各个方面都有创造性的贡献。可以说，陕甘革命根据地，是在求实开拓中发展起来的，也是在求实开拓中保存下来的。

以上四个方面，是南梁精神的基本内涵。这四个方面是一个有机整体，相互联系，相辅相成，内在统一，缺一不可，要科学把握、全面理解。历史的结论是，没有南梁精神的指引和支撑，就没有陕甘根据地的创建和发展，就没有"硕果仅存"。

二、南梁精神与红船精神等系列革命精神既一脉相承又独具特点，在中国共产党伟大革命精神系列中具有重要历史地位

伟大的党培育伟大的精神，伟大的精神滋养伟大的党。中国共产党人带领人民经过艰苦卓绝的斗争，推翻压在中国人民头上的"三座大山"，取得了新民主主义革命胜利，建立了新中国。在这个极其艰难曲折的过程中，无数中国共产党人用生命和鲜血铸就了红船精神、井冈山精神、长征精神、南梁精神、延安精

神、西柏坡精神……正是这些伟大的革命精神，使我们党与以往的政党、使我们的军队与旧式的军队在精、气、神上有了根本区别，得到广大人民群众的衷心拥护和支持，在敌我力量对比非常悬殊的情况下，由小变大，从弱到强，指引和推动中国革命在艰难中奋进、在曲折中前行，从胜利走向新的胜利。

南梁精神是中国共产党伟大革命精神系列中的精彩华章。她与嘉兴南湖启航的红船精神等中国共产党伟大革命精神既一脉相承、本质一致，又具有鲜明的特点。

就其自身特点而言，从总体上看，由于南梁精神是在陕甘革命根据地的创建和发展实践中形成的，她的历史地位就是由陕甘革命根据地的历史地位决定的。陕甘革命根据地在中国共产党历史和中华民族的历史上具有什么历史地位，南梁精神就在中国共产党伟大革命精神系列和中华民族伟大精神系列中享有什么历史地位。陕甘革命根据地在中国革命历史上具有举足轻重的地位。这种历史地位，概括地说，就是"两点一存"。在土地革命战争后期，我们党在南方的十几块革命根据地相继丧失后，陕甘革命根据地成为全国"硕果仅存"的最完整的一块革命根据地，为党中央和各路红军的长征提供了落脚点，在陕甘革命根据地基础上扩大形成的陕甘宁革命根据地，又是八路军东进抗日的出发点。据此可以说，南梁精神的历史地位就是由"两点一存"的历史地位决定的，"两点一存"具有什么历史地位，南梁精神就具有什么历史地位。"两点一存"的历史作用是很大的，历史地位是很高的。第一，"两点一存"粉碎了国民党蒋介石扼杀中国共产党及其领导的革命力量的罪恶图谋；第二，"两点一存"对中国革命重心北移，构建新的战略布局发挥了重要作用；第三，"两点一存"为党领导的中国工农红军休养生息、整合力量、实现新的发展发挥了重要作用；第四，"两点一存"为推动第二次国共合作，形成抗日民族统一战线，实施抗日武装的战略展开，继而为发展边区后方经济、支援抗日前线发挥了重要作用；第五，由"两点一存"发展而成的陕甘宁根据地，作为党中央、毛主席的13年驻地，为夺取中国革命伟大胜利、建立新中国发挥了重要作用。"两点一存"的这五大历史作用与南梁精神密不可分，扎扎实实奠定了南梁精神的重要历史地位。

就其自身特点而言，从时间上看，南梁精神还是在全国革命形势的低谷期和遭受严重挫折的考验期诞生的革命精神。从大革命失败到全国抗日战争爆发前的十年，是中国共产党在极端艰苦的环境中坚持革命、曲折斗争的十年。在这个时期，党曾两次经受严峻的考验，一次是大革命的失败，一次是第五次反"围剿"的失败。我们党和中国革命一度陷入极其严重的危机之中，中国革命形势处于低谷期和严重挫折的考验期。南梁精神就是在这一时期诞生的革命精神，显得更加弥足珍贵。

"长征一结束，中国革命的新局面就开始了。"党中央来到陕甘宁，革命形势日日新。"两点一存"再出发，南梁精神展新容。南梁精神是历史的、具体的，也是时代的、发展的。在我们党领导

的伟大革命斗争实践中，南梁精神面对过去承接了红船精神、井冈山精神、长征精神的核心特质，面向未来连接了延安精神、西柏坡精神等革命精神。南梁精神与红船精神等革命精神一道，成为中国共产党伟大革命精神系列和中华民族优秀民族精神系列的重要组成部分，并在一定程度上起到了承前启后、继往开来的重要作用。

三、不忘初心，牢记使命，在新时代大力传承弘扬南梁精神

南梁精神形成已经八十多年了。八十多年雨和风，风展红旗到如今。在新的征程上，南梁精神仍然具有强大的生命力。习近平新时代中国特色社会主义思想的许多重要内容，与南梁精神有着内在的必然联系。习近平总书记号召我们不忘初心、牢记使命，我们就要把初心放在心上，把使命扛在肩上，以共产党人的忠诚和坚定，大力传承弘扬南梁精神，继续谱写"面向群众、坚守信念、顾全大局、求实开拓"的时代篇章。

（一）在新时代大力传承弘扬南梁精神，就要继续面向群众，始终坚持以人民为中心的发展理念，努力让人民过上更加美好的生活。

习近平总书记指出："说到底还是为人民服务这句话。我们

党是为人民服务的。中央的考虑，是要为人民做事。"大力传承弘扬南梁精神，就要把党的群众路线贯彻到治国理政的全部活动之中，始终坚持以人民为中心的发展理念，把人民对美好生活的向往作为奋斗目标，依靠人民创造历史伟业。要坚定不移地贯彻落实新发展理念，提高经济发展质量和效益，着力解决发展不平衡不充分的问题，要坚持在发展中保障和改善民生，在发展中补齐民生短板、促进社会公平正义，在幼有所育、学有所教、劳有所得、病有所医、老有所养、住有所居、弱有所扶上不断取得新进展，保证全体人民在共建共享发展中有更多获得感，不断促进人的全面发展、全体人民共同富裕。要尊重人民首创精神，自觉拜人民为师，向能者求教，向智者问策，从群众中汲取无穷的智慧和力量。

（二）在新时代大力传承弘扬南梁精神，就要继续坚守信念，自觉加强党性修养，争做学习贯彻习近平新时代中国特色社会主义思想的模范。

习近平总书记指出："党性是党员干部立身、立业、立言、立德的基石，必须在严格的党内生活锻炼中不断增强。"加强党性修养，是一个党员长期的、艰巨的必修课，具有自觉性、长期性、全面性、艰苦性的特点。当前，大力传承弘扬南梁精神，加强党性修养，关键要带头学习习近平新时代中国特色社会主义思想，朝深了走、朝细了走、朝实了走，争做学习贯彻习近平新时代中国特色社会主义思想的模范。要大力弘扬理论联系实际的优良学风，强化问题意识、树立问题导向，着力提高学习本

荔园堡陕甘边区苏维埃政府成立旧址

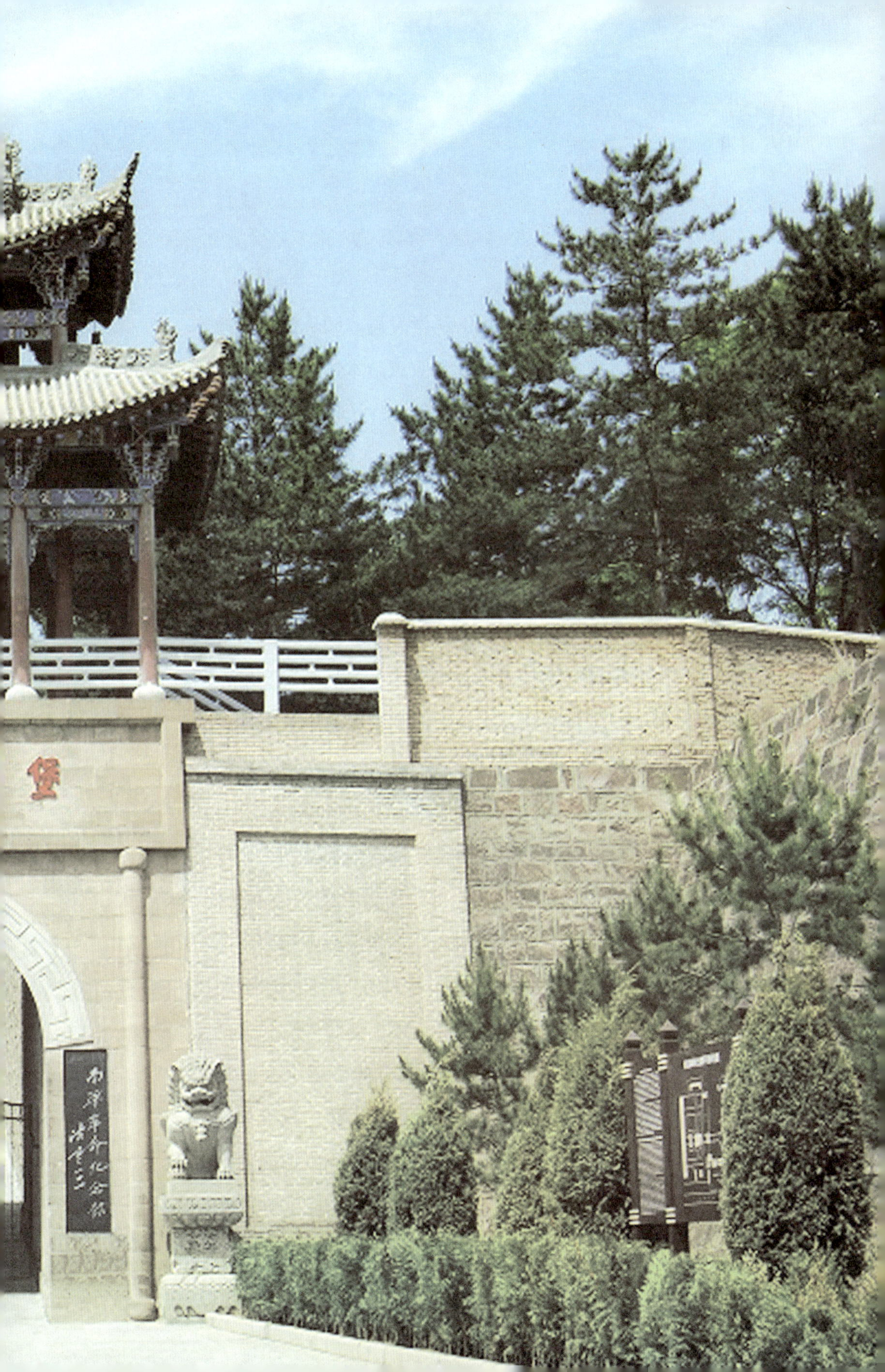
堡

领、政治领导本领、改革创新本领、科学发展本领、依法执政本领、群众工作本领、狠抓落实本领、驾驭风险本领，保持政治定力，坚持实干兴邦，以昂扬的精神状态，努力创造经得起实践、人民、历史检验的新业绩。

（三）在新时代大力传承弘扬南梁精神，就要继续顾全大局，做到善于着眼大局、坚决维护大局、主动服务大局。

习近平总书记指出："必须牢固树立高度自觉的大局意识，自觉从大局看问题，把工作放到大局中去思考、定位、摆布。"大力传承弘扬南梁精神，就要善于着眼大局，要从全局高度，用长远眼光观察形势、分析问题，正确把握党和国家事业发展的大局大势，不因形势复杂而迷失方向，不因局部利益而计较得失，做到自觉在大局下行动。要坚决维护大局，好的局面来之不易，我们必须倍加珍惜。要自觉增强政治警觉性和政治鉴别力，在重大政治原则问题上站稳立场，明辨是非，坚持党的领导不动摇，始终保持政治定力，做政治上的明白人。不能搞地方和部门保护主义、本位主义，不能搞"上有政策下有对策"，不能在贯彻执行中央部署上打折扣、做选择、搞变通。要主动服务大局，把思想和行动统一到中央对形势的分析判断和总体部署上来，遵循事物发展规律，审时度势，多谋善断，做到识大体，顾大局。要发扬"钉钉子"精神，坚持一张好的蓝图绘到底，以功成不必在我的态度，兢兢业业，排除万难，一步步把美好蓝图变为现实。

（四）在新时代大力传承弘扬南梁精神，就要继续求实开拓，坚持实事求是、开拓创新，深刻认识新时代、把握新时代，坚决把中国特色社会主义伟大事业不断推向前进。

习近平总书记指出："坚持实事求是，就能兴党兴国；违背实事求是，就会误党误国。"积极倡导解放思想、开拓创新。在新时代，我们党领导人民进行伟大社会革命，涵盖领域的广泛性、触及利益格局调整的深刻性、涉及矛盾和问题的尖锐性、突破体制机制障碍的艰巨性、进行伟大斗争形势的复杂性，都是前所未有的。改革开放40多年来，特别是党的十八大以来中国特色社会主义伟大事业虽然已经取得举世瞩目的历史性成就，但"行百里者半九十""一篙松劲退千寻"，一旦产生了"差不多、松口气、歇歇脚"的想法，不仅不能通达光辉的彼岸，而且已经取得的成果也会失去。大力传承弘扬南梁精神，就要坚持实事求是并拿出"敢为天下先"的勇气，积极探索适合自身发展的路径和模式。要学习老一辈革命家坚持实事求是、敢于和善于开拓创新的政治勇气，把实事求是、开拓创新作为一种常态和必备武器，努力克服前进道路上的艰难险阻，勇于推进理论创新，始终用发展着的马克思主义指导新的实践。要始终坚持中国特色社会主义的正确方向，敢破敢立、敢闯敢试敢担当，敢于涉险滩、敢啃硬骨头，既勇于冲破思想观念的障碍，又勇于突破利益固化的藩篱。要尊重实践、尊重创造，鼓励大胆探索和勇于进取，创造各种有利条件，为各行业各方面的劳动者、企业家、创新人才、各级干部创造发挥作用的舞台和环境，聚

合起一往无前的磅礴力量，义无反顾地把中国特色社会主义伟大事业不断推向前进。

（作者系全国党建研究会副会长，中共中央党史研究室原副主任）

南梁精神与红船精神一脉相承的当代启示

——学习习近平对以上两个革命精神阐释的思考

朱健

2005年6月21日，时任中共浙江省委书记的习近平，在《光明日报》发表了题为《弘扬"红船精神" 走在时代前列》的署名文章，首次提出并阐释了红船精神，阐述了中国共产党的源头精神，将其概括为：开天辟地、敢为人先的首创精神，坚定理想、百折不挠的奋斗精神，立党为公、忠诚为民的奉献精神。

2009年6月，时任中共中央政治局常委、中央书记处书记、国家副主席的习近平，在视察庆阳南梁革命纪念馆时指出，"在血与火的斗争中铸就的革命精神，是老一辈无产阶级革命家留给庆阳人民宝贵的精神财富，我们一定要把这个爱国主义教育和革命传统教育基地办好，大力传承南梁精神，使其发扬光大"，"要对南梁的革命历史好好研究，突出'落脚点''出发点'和'硕果仅存'的研究"。

习近平对红船精神和南梁精神的阐释，为我们学习、研究和掌握红船精神和南梁精神的实质提供了基本思路。

一、南梁精神与红船精神立论形成的相似之处

中国共产党领导的革命历程艰苦卓绝，在斗争中培育出的革命精神也是多姿多彩。形成共识并得到广泛宣传的革命精神已有很多：以人物高尚品德立论的，有白求恩精神等；以地区革命精神的特点立论的，有红岩精神等；以重要会议立论的，有遵义会议精神等；以在非常状态下执行非常任务、表现出的非常精神面貌立论的，有"两弹一星"精神等；表现革命历程的，有井冈山精神、长征精神、延安精神等。随着党史研究的进一步深入，还有一些新的革命精神正在陆续被总结和提炼出来，红船精神和南梁精神即是其中之二。

俄国"十月革命"和中国"五四运动"的爆发，加速了马克思主义同中国工人运动相结合的历史进程，为中国共产党的诞生创造了条件。1921年8月，中国共产党第一次全国代表大会在浙江嘉兴南湖一条游船上召开了最后一天的会议，通过了党的纲领，选举了中央领导机构，宣布了中国共产党的成立。从此，中国共产党引领革命的航船，劈波斩浪，开天辟地，使中国革命的面貌焕然一新。中国共产党作为中国工人阶级和中华民族的先锋队，驾驶这条红船扬帆起航，在推动中国历史前进中发挥着无可替代的领导核心作用。中国共产党的诞生，既是一个创新创业的过程，也是一个伟大事业起航的开端。一个大党诞生于一条小船，红船精神因此成为对中国共产党诞生时期实践和理论的高度概括和形象表述。

陕甘革命根据地之所以成为土地革命战争后期全国"硕果仅存"的革命根据地，其中一个非常重要的原因就是刘志丹、谢子长、习仲勋等老一辈革命家及根据地广大军民始终坚持百折不挠、勇往直前的坚定信念和奋斗精神。他们曾先后组织领导了七十多次武装起义，并在陕甘地区开展了广泛的兵运工作。虽然屡遭失败，但刘志丹、习仲勋等人注重从陕甘实际出发，注意吸取根据地曾经丢失的血的教训，自觉抵制和克服各种错误思想，从而坚持了陕甘边区的游击战争，保证了以南梁为中心的陕甘边区的工农武装割据斗争在实事求是的方针指引下，进入了大发展的辉煌时期。南梁精神也由此成为对创建陕甘边革命根据地斗争实践，对陕甘苏区革命精神、优良传统、优良作风的理论提炼，具有鲜明的地域特点。

红船精神属于以重要会议立论的一类，南梁精神属于以地区革命精神的特点立论的一类。这两个革命精神虽然在类型上不属一类，在时间上也没有接续的关系，但它们却在立论形成的过程中具有几个相似之处：

首先，两个革命精神都被认为具有填补空白的意义。红船精神弥补了党在创建时期革命精神历程的缺环；南梁精神弥补了长征精神与延安精神两者之间的承上启下的革命精神的缺环。

其次，两个革命精神到目前为止传播面都还不够广，还处在对其精神内涵、实质及源流的系统分析和论证之中。如中共一大是在上海和嘉兴南湖两地召开，用嘉兴"红船"作为唯一标志是否合适？长征精神与延安精神中间是否缺少一个过渡？用"南梁"代表是否合适等。

其三，两个革命精神都是在习近平担任中共中央总书记之前，就得到了他的充分肯定的，习近平就其历史意义和对现实的作用分别进行过阐释。

尽管红船精神和南梁精神在理论上还需要进一步深化和完善，从其精神内涵和历史意义看，两个革命精神是一脉相承的，都是中国革命精神之链中不可或缺的精神之环。

二、南梁精神与红船精神对传承党的先进性做出了贡献

历史已经证明，只有中国共产党能够领导民主革命取得彻底胜利，只有中国共产党能够领导中国人民取得社会主义现代化建设的辉煌成就，只有中国共产党能够在纠正自身错误的基础上开创改革开放和现代化建设的新时期，并且开创中国特色社会主义这一实现中国梦的康庄大道。正如习近平所指出的，"'红船精神'是激励我们把握发展这一时代主题和党执政兴国第一要务，大胆探索、创新创业的强大思想武器。发展是当今时代的一大主题，也是党执政兴国的第一要务。加强党的先进性建

设,首要任务就是提高领导发展的能力"。

中国共产党的诞生,给中国未来发展带来了新的选择,这就是社会主义道路。尽管后来的历史表明,在中国建立社会主义不能走笔直的发展道路,而必须先进行中国共产党领导下的新民主主义革命,在取得全国政权之后才能通过社会主义改造逐步确立社会主义根本制度。而且中国自1956年进入社会主义初级阶段以后的历史还表明,在中国建设社会主义,不能照抄照搬别国的模式,而要独立自主地走自己的发展道路,建设中国特色社会主义。这一切认识,都是在中国共产党诞生之后,也只有在这以后才能取得。然而,这一切认识的起点,都源自中国共产党诞生之日所确定的根本方向:只有社会主义能够救中国。正如党的十八大报告所指出的,"全党要增强紧迫感和责任感,牢牢把握加强党的执政能力建设、先进性和纯洁性建设这条主线,坚持解放思想、改革创新"。

刘志丹、谢子长、习仲勋等共产党人始终在探索中国革命的道路上锐意进取,不断创新,在建立革命武装、创建根据地、开展游击战争、实行统一战线、加强党的建设等各个方面都有创新性的发展。陕甘革命根据地的成功道路被总结为全国武装斗争中的"陕甘模式"。陕甘边区苏维埃政府制定的一系列经济社会政策,讲求实际,具有开创性、前瞻性和可操作性,使根据地进入了繁荣发展的重要时期。如:包家寨会议经过认真讨论,决定恢复红二十六军,成立四十二师,向陇东南梁进军,坚持在陕甘边界桥山山脉中段的南梁地区建立中心根据地,开创工农武装

小学生参观南梁革命纪念馆

割据的新局面；划分陕北、陇东、关中三个游击战略区，以扩大红军的回旋余地，同时又共同以南梁为中心向南北发展。毛泽东赞扬说，刘志丹用"狡兔三窟"的办法建立根据地，很高明。这些都具有鲜明的实践特色和区域特色，是对党的先进性建设的重大贡献。

陕甘边区共产党人始终依靠人民的力量来开展武装斗争，始终把人民利益放在首位，真正做到了从群众中来，到群众中去。根据地党的领导人始终把建立人民政权、维护人民群众利益作为革命的根本目的。他们充分相信群众、紧紧依靠群众、真心关心群众，选举群众代表参与政府重要工作、参加政权建设和社会事务管理，形成了"只见公仆不见官"的和谐生动局面。陕甘边区苏维埃政府制定的土地革命、发展生产、设立集市、发行边币、保护小商贩等一系列政策、法令和措施，都坚持从人民群众的实际需要出发，集中反映了人民的利益，赢得了边区人民群众的真心拥护和支持，也为根据地的发展壮大提供了坚实保障。

三、南梁精神与红船精神在新实践中的弘扬

红船精神第一次将实现中国梦建立在科学理论指导的基础之上。正如习近平所指出的，"'红船精神'是我们党创立时期坚持和实践自身先进性的一个历史明证。正如党的先进性不是与生俱来、一劳永逸的，'红船精神'也是具体的、历史的。我们要把'红船精神'贯穿于树立和落实科学发展观、构建社会主义

和谐社会和加强党的先进性建设的实践上来。把握住这一点，就从根本上把握了'红船精神'的实质与核心，同时也就把握了党的先进性的真谛"。

中国梦的实现要靠坚定不移地走中国特色社会主义道路，实现中国梦，必须继承和弘扬中国革命精神。在中国革命的历史长河中，既留下了不可磨灭的英雄记忆，也留下了不可磨灭的革命精神。红船精神、井冈山精神、长征精神、南梁精神、延安精神、西柏坡精神等，这些精神都是中国革命精神的主要组成部分，其先进性都是一脉相承的。同时也是中国共产党人塑造的中国革命精神在各个时期的具体体现。在进行中国革命精神的研究和宣传教育的过程中，我们应当把整体优势与各纪念地的个性化优势紧密地结合起来，在发挥各自优势的基础上就如何做到优势互补下功夫。一方面，没有涓流难成大海；另一方面，潺潺涓流只有汇江入海才能充分地彰显其价值，在奋力实现中国梦的当下，尤其需要具有这样的胸怀、这样的抱负、这样的眼光。党的十九大报告对新时代党的建设做了重要部署，其中，党的建设的主线就是"加强党的长期执政能力建设、先进性和纯洁性建设"。

面向群众，是南梁精神的根基，是党的性质和宗旨所决定的，也是决胜全面建成小康社会的出发点和落脚点。始终坚持为了人民、依靠人民、诚心实意为人民群众谋利益的群众观念，是陕甘革命根据地早期的缔造者们在反复失败中总结达成的共识，也是后来陕甘革命根据地成功创建的重要经验。坚守信念，是南梁精神的核心，是陕甘边区共产党人走向胜利的伟大旗帜，也是当今决胜全面建成小康社会的力量源泉。顾全大局，是南梁精神的特质，是陕甘边区党组织坚持党的先进性原则的具体体现，也是当前老区人民决胜全面建成小康社会的重要保证。求实开拓，是南梁精神的精髓，是我们党思想路线的本质要求，也是我们决胜全面建成小康社会的方法路径。

进入新时代的今天，浙江作为中国革命红船的起航地、改革开放的先行地、习近平新时代中国特色社会主义思想的重要萌发地，当好学习弘扬红船精神的排头兵责无旁贷。浙江全省人民正在以坚持和发扬红船精神、坚持习近平新时代中国特色社会主义思想为指导，自觉践行"干在实处永无止境，走在前列要谋新篇，永立潮头方显担当"的新期望，全面推进"八八战略"再深化、改革开放再出发，加快"两个高水平"建设，努力为新时代大力弘扬红船精神做出应有贡献。

南梁精神是党的思想理论的源头活水之一，是延安精神的源流之一，是甘肃重要的红色基因和最靓丽的红色名片。传承弘扬南梁精神是不忘初心、牢记使命的生动检验，是提振信心、增强斗志的迫切需要。正如2019年3月7日习近平在参加十三届全国人大二次会议甘肃代表团的审议时指出的，希望甘肃广大干部群众坚定贯彻新发展理念，全面做好稳增长、促改革、调结构、惠民生、防风险、保稳定各项工作，着力深化改革开放、增

强经济发展新动能、加大环境保护和整治力度、加快社会事业发展，不断开创富民兴陇新局面。

总之，我们将在新的实践中继承和弘扬红船精神和南梁精神，在许许多多的革命精神的激励和鼓舞下，不断强化前列意识，切实把"走在前列"的要求体现到精神状态上，贯彻到衡量标准上，落实到各项工作上，再接再厉，乘势而上，努力为全国大局做出积极的贡献。

（作者系中共浙江省委党史研究室原副巡视员）

苏区精神与南梁精神的契合性探究

陈安 黄敬荣

中国共产党成立以来,在革命、建设和改革的伟大实践中,孕育形成了内涵丰富的精神谱系,其中就包括苏区精神和南梁精神。[①]苏区精神是土地革命战争时期党在领导创建苏区的斗争实践中凝聚而成的一种革命精神。南梁精神是党带领广大军民在陕甘边区的革命斗争实践中孕育形成的一种革命精神。南梁精神为苏区精神的孕育形成做出了贡献,既是苏区精神的具体体现,也有独具特色的内涵。本文拟从时代背景、精神内涵和新时代价值等方面切入,对苏区精神和南梁精神的契合性进行探究。

一、孕育形成的时代背景契合:土地革命战争时期

任何一种革命精神的产生都和当时的历史条件密切相关,

[①] 本文仅在土地革命战争时期(1927—1937)时空范围内对苏区精神和南梁精神的契合性进行探讨和研究。

植根于一定的环境和革命实践。苏区精神和南梁精神都是在土地革命战争时期革命根据地创建、巩固和发展过程中孕育形成的。因此，两者孕育形成的时代背景相契合。

(一) 孕育形成的内生动力：中国共产党人探索中国特色革命道路的初心

革命精神源于革命实践，革命实践的发展源于中国共产党人对革命道路的艰辛探索，即使革命遭受失败仍然坚持真理、坚持进行不屈斗争，这是推动革命发展的内生动力，也是苏区精神和南梁精神孕育形成的内生动力。

中央苏区的创建和发展，是对井冈山斗争及之前革命斗争的延续。井冈山斗争遭受国民党反动派的多省"会剿"后，中国共产党人进而转战赣南、闽西寻求新的发展空间，但探索改造旧社会、建立新世界的初心始终没有改变。经过艰难探索，中国共产党在全国建立了十多块苏区，苏区各项事业得到了蓬勃发展。正是以毛泽东、朱德、周恩来等为代表的中国共产党人探索中国特色革命道路的初心不改，才使得中央苏区成为全国各大苏区中"最具有代表性""最大最重要的一个"。

陕甘苏区的建立和发展，同样源于共产党人坚持依靠真理探索革命道路。在党的领导下，陕甘共产党人广泛开展兵运工作，发动武装起义，举起西北地区武装反抗国民党反动派的旗帜，接着创建南梁游击队、陕甘红军和陕甘边革命根据地。面对强敌的军事"围剿",革命斗争虽遭遇多次挫折,以刘志丹、谢子长、习仲勋等为代表的中国共产党人,从未动摇革命初心和信心,没有停止对革命真理和道路的探索。最终,在陕甘边苏区基础上形成的陕甘苏区成为土地革命战争后期"硕果仅存"的根据地。

(二)孕育形成的外在条件:有利的革命形势

有利的革命形势,即军阀混战使得苏区周边的国民党统治势力相对薄弱,既是中央苏区和陕甘苏区形成的有利条件,又是苏区精神和南梁精神孕育形成的外在条件。

利用蒋桂战争和中原大战的有利形势,赣西南、闽西各级党组织确立正确方针,不断巩固和发展苏区。"二七会议"后,土地革命运动在赣南、闽西迅速开展,广大群众被广泛动员起来支援革命。中央苏区三次反"围剿"战争的胜利,使赣南、闽西苏区连成一片。随后,利用国民党军队之间派系林立、明争暗斗、"各自打着如意算盘"的有利时机,红一方面军广泛发动群众和坚持正确的战略战术,又取得了第四次反"围剿"战争的胜利,中央苏区由此进入了鼎盛时期。中国共产党在中央苏区进行了艰苦卓绝的革命斗争和初始执政的伟大探索与尝试,其他苏区革命遥相呼应,在这一过程中,伟大的苏区精神应运而生。

同样,陕甘共产党人利用有利的革命形势,在远离陕、甘、宁三省国民党政府统治中心地区,利用其统治力量薄弱、地方地主武装力量弱小的条件,进行革命斗争和创建苏区的尝试,建立了红军、游击队、赤卫军三位一体的革命力量,与全国各大苏区共同形成星火燎原之势。1934年2月,陕甘各级党组织和苏维

埃政府广泛开展武装斗争，扩大游击区。1935年粉碎敌人第二次军事"围剿"后，陕甘边和陕北两块苏区连成一片，形成陕甘苏区，苏维埃政权进一步巩固和发展。南梁精神和苏区精神伴随着革命斗争和创建苏区逐渐形成。

（三）孕育形成的天然条件：独特的自然地理环境

独特的自然地理环境是中央苏区和陕甘苏区得以建立的天然条件，也是苏区精神和南梁精神孕育形成的天然条件。

以赣西南、闽西苏区为核心的中央苏区，地跨赣闽湘粤四省边界，赣江水系贯穿赣西南，汀江水系贯穿闽西。闽西的长汀县城与赣江水系的瑞金县城仅一山之隔。各级党组织和苏维埃政府利用多省交界的地理位置和山地地形复杂的自然条件，在赣西南、闽西苏区深入开展了卓有成效的土地革命运动。陕甘苏区的中心南梁地处陕甘边界，是"一脚踏三县"的"三不管"地带，山大沟深、森林茂密、人口稀少，被称为"梢林地区"，敌人统治力量薄弱，是开展游击战争的理想场所。所以，中央苏区和陕甘苏区的一个共同特点，就是都处于远离大城市的偏远山区，国民党统治力量薄弱；地形复杂、地势险要，能为保存革命力量提供天然条件；多省交界地带有利于开展游击战争，能为革命斗争争取更多回旋的余地。因此，独特的自然地理环境既为两地革命发展创造了有利条件，又为两种精神的形成创造了天然条件，艰苦环境中的斗争还丰富了两种精神的内涵。

二、精神内涵的契合性：南梁精神充分体现了苏区精神的内涵

苏区精神和南梁精神都是在土地革命战争时期党领导广大军民创建、巩固和发展根据地的斗争实践中孕育形成的。根据地革命斗争的艰苦性、苏维埃运动的复杂性以及马克思主义中国化的曲折性，都在实践中极大地丰富了苏区精神和南梁精神的内涵，都凝聚了中国共产党人的精神特质和高贵品格。因此，它们

薛家寨全景

在丰富内涵上有着契合性。

（一）都是中国共产党人"革命理想高于天"的真实写照

土地革命战争时期，大批共产党人辗转从上海经香港、汕头、大埔、永定、长汀等地，穿越重重封锁、历经千难万险来到中央苏区投身革命；广大军民面对数倍于己的国民党反动派的军事"围剿"和经济封锁，以"革命理想高于天"的坚定信念进行了艰苦卓绝的反"围剿"战争和打破国民党的经济封锁的斗争，并为之付出巨大牺牲，甚至献出宝贵生命；面对第五次反"围剿"的失利，广大红军指战员始终抱着"革命理想高于天"的坚定信念，踏上漫漫长征路；中央红军长征后，留在中央苏区的广大党员、苏维埃干部、群众和红军在坚定的革命理想信念的支撑下，浴血坚持了三年游击战争，被留下的瞿秋白、何叔衡、刘伯坚等人更是付出了生命的代价。陕甘苏区的广大军民同样为了实现民族解放和人民幸福的目标，毅然进行革命斗争，以不畏牺牲、不怕挫折的精神发起七十多次革命起义，虽然一次又一次失败，但是初心不改。中国共产党人正是拥有"革命理想高于天"的追求，不畏牺牲、奉献自我，铸就了苏区精神和南梁精神的基本底色。

（二）都是中国共产党独立自主探索中国特色革命道路的集中体现

无数中国共产党人将马克思主义基本原理同中国实践相结合，探索中国特色革命道路。最初以城市为中心，发动南昌起义、秋收起义、广州起义，最终都以失败告终，以毛泽东为代表的共产党人总结革命经验，探索符合实际的革命道路，从以城市为中心逐渐转向农村包围城市。在中央苏区的创建、巩固和发展的过程中，以毛泽东为代表的中国共产党人，还实事求是地通过调查研究，很好地将马克思主义基本原理同中国革命、建设实践结合起来，最终开创了中国特色革命道路。在陕甘苏区，以刘志丹、谢子长、习仲勋为代表的中国共产党人根据实际情况，将马克思主义基本原理同革命实践结合，开创根据地建设新局面；形成依托人民开展根据地建设的方针，将农民运动与根据地建设相结合；形成兵运工作、"狡兔三窟"式斗争策略与统一战线相结合的武装斗争；立足根据地实际，因地制宜制定灵活土地政策。陕甘苏区革命道路的探索也为中国特色革命道路的形成做出了重要贡献。中国共产党独立自主探索中国特色革命道路中所形成的苏区精神和南梁精神，集中体现了中国共产党人的政治自觉性与独立自主走中国特色社会主义道路的坚定性。

（三）都是中国共产党人践行群众路线的光辉典型

党的事业能够最终取得成功，得益于坚持群众路线。群众路线的重要形成时期就在土地革命战争时期。各级党组织和苏维埃政府真正践行了群众路线、真心实意地为群众谋利益，既关心群众生活，又注意工作方法，从而赢得了广大群众的倾力支持和衷心拥护，使中央苏区土地革命运动轰轰烈烈开展，各项事业不断开创新局面。尤其是以毛泽东为代表的中国共产党人在中央苏区始终坚持一心为民，真心实意为群众谋利益、办

实事，成了群众路线最早的倡导者、践行者，真正让千百万革命的群众成了革命最坚实的拥护者，群众路线也成为毛泽东思想的灵魂。陕甘苏区的开创和发展，同样离不开群众路线。陕甘苏区的开辟和建立，得益于人民群众的支持；陕甘苏区革命事业的蓬勃发展，离不开符合人民群众利益的土地政策，使人民群众成为革命真心实意的支持者；陕甘苏区打破国民党反动派的军事"围剿"更是离不开人民群众的配合与支援，他们愿意为了革命参军参战、奉献一切。正是坚持和践行了群众路线，中央苏区和陕甘苏区各级党组织和苏维埃政府真心实意为人民群众谋幸福，才赢得了群众的信任和支持，成为这一时期党群关系、干群关系"鱼水情深"的光辉典范，也丰富了两种革命精神"一心为民"的内涵，深化了党对群众路线的理解。

三、时代价值的契合性：历久弥新

作为中国革命精神链条不可或缺的一环，苏区精神和南梁精神都是全党和全国人民的宝贵精神财富，是新时代党和国家事业发展的源头活水，为党员干部谋事创业提供强大精神动力。

（一）坚定理想信念，补足理想信念之"钙"

理想信念是干事创业之"魂"，苏区精神和南梁精神的精神内核都是坚守信念。正是有了坚定的信念，面对挫折、"围剿"，苏区革命反而蓬勃发展，苏区政权日益巩固发展，全国十几块苏区成就星火燎原之势；陕甘苏区凭借坚定的理想信念，坚持革命斗争，革命后期以"硕果仅存"成为革命的火种。这一时期，许多共产党人和革命先驱不为官、不为钱，不怕艰苦、不怕坐牢，慷慨赴死、从容就义，真正做到了为共产主义而奋斗、而献身。坚定理想信念也就成为苏区精神和南梁精神的内核，更成为中国共产党人的宝贵品格和精神高地。新时代的中国共产党人更要坚守精神高地、坚定理想信念，坚决做到"两个维护"，才能够抵制诱惑、经受考验，防止因缺乏理想信念之"钙"而得"软骨病"。

（二）坚持以人民为中心

苏区人民之所以愿意倾其所有支援革命、不畏牺牲参军参战，就因为共产党人坚持以人民为中心，践行群众路线，始终秉持真心实意为群众谋利益、干实事的初心。一心为民的群众路线和理念，构筑了苏区精神和南梁精神的基石，也是两种精神的现实落脚点。新时代党和国家事业的发展，更需要践行群众路线，坚持以人民为中心，解决人民群众最关心、最直接的问题。这样，我们的各项事业才能更好地开展和推进。

（三）以求真务实的作风争创一流的业绩

求真务实是中国共产党的优良作风和传统。在中央苏区、陕甘边苏区，优秀的中国共产党人大力弘扬求真务实的作风，进行调查研究，使得两大苏区在革命斗争、政权建设中能够从实际出发，制定符合实际的政策。在求真务实的调查研究后，争创一

流，开创工作新局面，这也成为两种精神的精髓要义所在。随着中国特色社会主义事业进入新时代，需要应对和处理的问题更加繁杂，只有保持求真务实的工作作风和争创一流的标准要求，才能顺应新时代的发展潮流。这也是做好新时代各项工作的法宝。

总之，苏区精神和南梁精神孕育于伟大的苏区革命实践，南梁精神既是苏区精神的一部分，又独具特色，两者在产生的时空背景上具有契合性，中国共产党人探索中国特色革命道路的初心成为两大精神产生的内生动力，有利的革命形势和独特的自然地理环境则成为两大精神孕育的重要条件。在精神内涵上两者更是具有相通性，都是中国共产党人"革命理想高于天"、独立自主探索中国特色革命道路、践行群众路线的真实写照。新时代，两者仍具有历久弥新的时代价值，坚定信念、一心为民、求真务实等精神要义都是新时代开辟社会主义事业新局面的不竭动力。除上述论及的契合性探究外，我们还可以从其他层面和视角对苏区精神和南梁精神进行比较研究，为实现中华民族伟大复兴提供强大智力支持。

（陈安系江西省赣州市中央苏区研究中心苏区精神研究所主任、所长；黄敬荣系江西省瑞金干部学院教师）

对南梁精神形成原因的再认识
——兼论与井冈山精神形成原因的共性

刘正平

土地革命战争时期，井冈山革命根据地是中国共产党人建立的第一块农村革命根据地，开辟了独特的井冈山道路，是中国革命的摇篮。陕甘革命根据地在实践中发展了工农武装割据思想，成为土地革命战争后期全国"硕果仅存"的革命根据地。在根据地建设和革命斗争的伟大实践中，这两块根据地成为全国范围内一南一北比较有代表性的根据地，分别孕育形成了伟大的井冈山精神和南梁精神。井冈山精神是中国共产党人革命精神和优良传统的重要源头活水，南梁精神既与红船精神、井冈山精神和苏区精神等红色基因一脉相承，又为之后延安精神的形成奠定了本土实践基础，是延安精神的重要源流之一，具有承上启下的重要历史地位和作用。陕甘革命根据地为什么能够孕育形成南梁精神？井冈山精神和南梁精神的形成原因有哪些相同点？本文试图从社会、政治、地理、人文等方面对此进行探讨。

一、以动荡的社会局面为条件，共产党人将革命形势与现实需求充分结合

　　动荡的社会局面是革命力量得以保存发展壮大的时代条件。20世纪二三十年代，中国正处于军阀割据、政治动荡的时代，井冈山地区和陕甘地区都经历了从北洋军阀统治到国民党新军阀统治的变迁，形成了军事割据政治，地方军阀忙于相互混战，无暇顾及地方治理，统治力量薄弱、社会秩序动荡。特别是地处几省交界、山大沟深、偏远落后的井冈山地区和子午岭地区，几乎成了军阀统治的盲区，在一定程度上造成了权力的真空，为革命的星星之火得以保存并最终形成燎原之势提供了难得的发展空间。同时，国民党控制下的中国社会弊端丛生，广大民众对国民政府怨声载道，其政治之腐败引发的民众不满情绪，为共产主义革命提供了有利条件。井冈山革命根据地和陕甘边革命根据地就是借助当时特殊的社会政治背景而创建并壮大的，井冈山精神和南梁精神也都体现了这种特殊的社会政治背景。

　　严峻的革命形势是催生革命新道路的时代要求。大革命失败后，以蒋介石为首的国民党新军阀建立起更为严密的反革命统治，城市的革命组织遭到严重破坏，在严峻的白色恐怖下，中国共产党人仍然坚持战斗，同时开始认真思考中国革命新的出路。毛泽东作出了"枪杆子里面出政权"的著名论断，提出了"工农武装割据"思想。"八七会议"总结大革命失败的教训，确立了实行土地革命和武装起义的方针。[1]然而，南昌起义、广州起义等在城市举行的武装起义大都失败了，建立以城市为中心的革命根据地的想法破灭。为保存革命力量，毛泽东等领导革命队伍从城市向农村转移，首先创立了井冈山革命根据地，开创了"农村包围城市，武装夺取政权"的井冈山道路。在陕甘边区，以刘志丹、谢子长、习仲勋为代表的共产党人，打入国民党军队开展兵运工作，发动了大大小小七十多次兵变和起义，虽然大都失败了，但学会了在敌强我弱的情况下选择在最有利于生存发展壮大的地方、最有利于消灭敌人的地方创建革命根据地。刘志丹认识到，失败的原因是"军事运动没有同农民运动结合起来，如果我们像毛泽东同志那样，以井冈山为依托，搞武装割据，建立根据地，逐步发展扩大游击区，即使严重局面到来，我们也有站脚的地方和回旋的余地"。[2]陕甘共产党人把革命重点放在农村，坚持武装斗争、土地革命和根据地建设紧密结合的方针，创造了"梢林中的马克思主义"，坚持和创造性地走出了工农武装割据的革命道路。井冈山精神和南梁精神，都是在革命遭受巨大挫折后，共产党人在寻找新的革命道路过程中产生的，是共产党人不屈不挠、顽强战斗的革命精神结出的胜利果实。

---

[1] 中共中央党史研究室：《中国共产党历史》（第一卷），中共党史出版社，2012年，第237页。

[2] 习仲勋：《群众领袖 民族英雄——回忆刘志丹同志》，《人民日报》，1979年10月16日。

二、以独特的自然地理环境为依托,共产党人将区位优势与物质资源充分结合

独特的地理环境是进行革命的区位优势。井冈山革命根据地和陕甘革命根据地都处于边界地带,远离大城市,地形复杂,地势险要,易守难攻,是国民党布防的薄弱环节,有利于革命力量的保存与发展。井冈山地区地处湘赣交界的罗霄山脉中段,距离敌人重兵长期占领的南昌、长沙、武汉等中心城市较远,层峦叠嶂、岭谷相间,且井冈山和九龙山互为犄角,进可攻,退可守。陕甘边区位于子午岭山脉中南段,距周边省会城市西安、兰州较远,沟壑纵横、森林茂密,大兵团作战困难,在这里开展游击战争,有山险及森林可依,向南能直逼关中,向东可经营陕北,向西可开辟陇东,回旋余地较大。红军惯用的游击战、运动战在这两个地区可大显身手,能有力地牵制国民党军队。

同时,井冈山地区和陕甘地区物质资源丰富,为红军提供了较为充足的给养,对粉碎敌人的经济封锁、发展壮大根据地起到了重要作用。井冈山地区雨量充沛、阳光充足、土地肥沃,除盛产粮食、茶油、竹木外,花生、大豆等农作物,金银花、红花油茶等药材资源也很丰富,为井冈山军民提供了可靠的物质保障。陕甘边区地处西北黄土高原,面积辽阔,地广人稀,可耕地较多,是西北地区主要粮食产地之一,且畜牧业较为发达。甘肃陇东是历史上有名的粮仓,陕北各县盛产小麦、杂粮,地下又有较为丰富的石油、煤矿资源，盐的储量也十分可观，建立有初具规模的工矿企业，为根据地的军需民用提供了保障。正是井冈山地区和陕甘边区独特的地理位置和资源优势，为根据地建设创造了先天的环境条件优势，也为井冈山精神和南梁精神的形成提供了摇篮。

三、以深厚的历史传统为纽带，共产党人将地域文化与革命意识充分结合

革命精神作为特定环境下的社会意识，不是凭空产生的，它的孕育与产生，与周围的历史、人文有着互为影响的内在联系，既有明显的历史传承性，又有一定的创新性。井冈山精神的形成，受到了源远流长的庐陵文化的深刻影响。庐陵文化中广受称赞的以民族英雄文天祥千古雄文《正气歌》为代表的正气文化，突出表现了爱国思想、坚贞气节和高尚情操。光辉灿烂的庐陵文化，在井冈山精神的形成过程中，带来了深刻的思想浸润，促使其得到升华与创新。[1]20世纪20年代，正是一批深受忠贞爱国信念影响的先进分子——中国共产党人，将庐陵文化中忧国忧民、匡时救弊、齐家治国等文化元素，与解救普天下穷苦工农之共产主义目标结合起来，提炼升华后，形成了井冈山精神。

---

[1] 陈忠志：《略谈庐陵文化对井冈山精神形成的影响》，《党史文苑》，2012年第3期。

南梁精神的形成，也深受陕西、甘肃地域文化的影响。陕西是华夏文明的重要发祥地之一，曾长期是全国政治、经济、文化的中心，陕西地域文化中所蕴含的精神内涵极为丰富，具有很强的典型性和代表性。比如炎黄文化的凝聚精神、周文化的礼让精神、秦文化的统一精神、汉文化的开拓精神、唐文化的开放包容精神[1]以及明末陕北农民起义中的反抗精神等，对南梁精神等红色精神的形成产生了深远的影响。甘肃具有博大精深的秦安大地湾文化、伏羲文化、石窟文化等，这些文化蕴含了丰富的创造精神、奉献精神、和合精神。晚清至国民政府统治时期，政局动荡，自然灾害频发，民生凋敝，陕甘地区人民以反洋教、抗苛捐杂税、饥民暴动等形式自发斗争，表现出了强烈的反抗精神。南梁精神中折射出的共产党人的精神品质，不但是对陕甘地域文化中精神实质的传承延续与升华，更是中华民族精神的集中体现。

四、以多元的社会力量为基础，共产党人将群众利益与崇高目标充分结合

中国共产党自成立之日起，就把实现和维护最广大人民群众

---

[1] 秦开凤：《陕西地域文化与中华文化复兴研究》，《西安财经学院学报》，2013年第5期。

的根本利益作为一切工作和方针政策的中心。群众路线是中国共产党的政治路线、组织路线和工作路线，是党的生命线。在井冈山地区和陕甘边区的革命斗争中，中国共产党人自觉践行群众路线，集中体现了一心为民的宗旨意识，为党的群众路线的形成和发展积累了宝贵经验。他们立足人民的根本利益和迫切需求，旨在推翻封建地主阶级统治，建立人民自己的政权，让人民群众真正当家做主，实现共产主义远大目标；他们打土豪分田地，让广大人民群众得到最实在的经济利益，真正把工作做到了人民群众心坎上；他们与群众同甘苦、共患难，在工作中始终与群众打成一片，经常深入群众访民情、听民意，形成"只见公仆不见官"的和谐局面；他们把为群众进行革命斗争作为根本目的，把人民群众作为推动革命斗争的力量源泉，深入宣传，广泛发动群众，形成了一切为了群众、一切依靠群众的优良作风。他们用实际行动诠释了密切联系群众的真谛，树立了群众路线的光辉典范。毛泽东为刘志丹题词"群众领袖、民族英雄"，盛赞习仲勋是"从群众中走出来的群众领袖"。

正因为中国共产党践行群众路线，得到了各类社会群体和各种力量的拥护和支持，革命根据地才得以创建并发展壮大。井冈山革命根据地的成功创建，是以毛泽东为首的中共领袖科学决策的结果，是以袁文才、王佐为首的绿林势力配合协调的结果，是井冈山地区民众支持拥护的结果，也是其他各相关群体力量汇聚的结果。各类群体在根据地建设中发挥了不可或缺的作用。陕甘革命根据地的成功创建，是刘志丹、谢子长、习仲勋等

根据地的主要创始人科学决策的结果，是坚持统一战线，主动争取、联合知识分子、地方民团、土匪和江湖帮会等各个方面的力量支持革命的结果，更是地方民众积极拥护支持的结果。各类社会群体的拥护支持，为井冈山精神和南梁精神的形成奠定了深厚的群众基础。

五、以优秀的精英群体为主导，共产党人将领袖作用与集体力量充分结合

广大人民群众是推动历史发展的根本力量，而领袖集体或个别杰出人物则是历史发展的助推器。党的领袖是党的决策者，他们的活动和思想关系着党的命运、关系着民族的命运。[1]在井冈山革命根据地和陕甘革命根据地的创建过程中，革命领袖等精英群体是根据地建设的核心力量，既是创建根据地的决策者和带头人，又是革命队伍中革命信念最为坚定、最具战斗力的群体。他们身上所展现出的革命风范、高尚品格和人格魅力，对根据地的军民产生了巨大影响和凝聚力，对井冈山精神和南梁精神的形成发挥了不可磨灭的作用。

毛泽东、朱德等中共领袖在井冈山革命斗争的艰苦岁月中，在从革命实际需要出发、放弃不切实际的好高骛远的目标、探索

---

[1]王炳林：《党的领袖与党史研究》，中央文献出版社，2004年，第393页。

开创井冈山道路的过程中,表现出的坚定不移的理想信念、矢志不移的奋斗精神、实事求是敢闯新路的崇高品格和特有的亲和力,影响、吸引和团结了根据地的广大军民,奠定了战胜敌人、取得胜利的重要保证。刘志丹、谢子长、习仲勋等陕甘革命根据地的创始人在各种艰苦卓绝的革命斗争和曲折复杂的工作环境中,在照金革命根据地丧失、陕甘革命斗争处于低潮时,在被党内"左"倾错误执行者排挤打击、降职撤职,甚至在错误肃反中被逮捕关押,面临生命危险时,表现出的"革命理想高于天"的坚定信念和艰苦奋斗、顾全大局、敢于担当的崇高品质;在创造性地提出并实施"三色"建军方式,"狡兔三窟"式军事策略,构建"又斗争又联合"的统一战线时,表现出的求真创新的务实作风;在提出并实施政治、经济、文化等"十大政策"时表现出的一心为民的宗旨意识,处处闪耀着智慧的光芒和高贵的人格魅力,这些精神和作风深深地影响、吸引和团结了陕甘红军和根据地群众,为陕甘边和陕北革命根据地的成功创建奠定了基础。总之,井冈山革命根据地和陕甘革命根据地的领袖人物,他们自身的革命风范、高尚品格和人格魅力,已然融入了井冈山精神和南梁精神中,成为精神不可或缺的组成部分。

井冈山精神和南梁精神的形成,是共产党人将马列主义基本原理与中国革命具体实践相结合,独立自主探索中国革命道路的光辉成果,是共产党人坚定的理想信念和价值追求、奋斗品质和优良传统的集中体现,是共产党人创造的革命文化和中华优秀传统文化相融合形成的丰硕成果,是中国革命领导群体的

智慧风范和广大党员群众的集体力量相互作用共同创造的宝贵财富，两者虽在内容的侧重点、具体的历史任务、形成的背景原因等方面存在一定差异，但两者一脉相承，流淌着中国共产党人共同的红色基因，是我们永远的动力源泉。

（作者系中共甘肃省委党史研究室主任）

答好时代问卷的制胜基因
——试析南梁精神与西柏坡精神的共性

田超

中国共产党是一个高度重视精神传承和信仰赓续的马克思主义政党。特别是党的十八大以来，以习近平同志为核心的党中央多次号召全党要弘扬红色文化，习近平总书记本人更是身体力行，以高度的政治自觉、思想自觉、行动自觉传承革命精神。习近平多次强调，红色基因就是要传承，要让信仰之火熊熊不息，让红色基因融入血脉，让红色精神激发力量。这为我们在新时代将包括南梁精神与西柏坡精神等在内的中国革命精神发扬光大提供了根本遵循。

一、两种精神分属于中国革命的两个重要时期

中国共产党领导中国人民进行了艰苦卓绝的长期革命斗争，毫无疑问，在这场伟大实践中，孕育、产生、发展、升华了一系列的革命精神，这是中国革命不断从胜利走向胜利的强大动力、精神源泉，从中国革命的历史脉络和内在逻辑来看，这本质上更是一种制胜基因。由中国革命史观之，中国革命精神发挥着不可

替代的作用，它决定着中国共产党和中国人民革命实践和革命精神的本质和方向。

陕甘边时期是中国共产党从"山沟"再次奋力开创中国革命新局面的开端。西柏坡时期是中国和中华民族的历史进程由战争转变为和平，由农村转入城市，由革命转为建设的伟大历史转折时期。中国共产党人在血雨腥风的逆境中和硝烟弥漫的战场上，孕育和形成了独特的精神基因、精神特质、内在禀赋，形成了中国共产党人所独有的、相对独立的红色精神谱系，如红船精神、井冈山精神、苏区精神、长征精神、南梁精神、延安精神、西柏坡精神等革命精神。贯穿其中的一条鲜明红线即是对党忠诚、勇于革命。在这些精神的鼓舞和激励下，中国共产党人历经千难万险，创造了一个又一个彪炳史册的人间奇迹。

二、两种精神的基本内涵本质相同

众多专家学者对南梁精神进行了诸多有益探讨和提炼，目前学术界的主流观点是，南梁精神的基本内涵是面向群众、坚守信念、顾全大局、求实开拓，西柏坡精神的基本内涵是敢于斗争、谦虚谨慎、艰苦奋斗、民主团结。尽管这两种精神产生于不同的历史时期、不同的斗争阶段，但与其他革命精神是一脉相承的关系，它们在基本内涵、基本特点等方面都是一致的，归结如下：

红二十六军陕甘红军纪念馆群雕

第一，从精神内涵的基础层面来看，都是理想信念铭记于心

坚守信念、百折不挠的奋斗精神，是南梁精神的灵魂。陕甘革命根据地之所以成为土地革命战争后期全国"硕果仅存"的革命根据地，其中一个非常重要的原因就是刘志丹、谢子长、习仲勋等老一辈革命家及根据地广大军民始终以坚定信念和奋斗精神百折不挠、勇往直前。正是因为这种理想之光不灭，信仰之火不熄，陕甘边和陕北革命根据地经受住了严峻考验，并在革命斗争中不断发展壮大，开拓出一个崭新的局面，这是南梁精神最显著的特征。

在西柏坡，中国共产党人完成了"破坏一个旧世界"的光荣历史任务，将肩负起"建设一个新世界"的光荣历史使命。1949年3月23日，党中央从西柏坡前往北平。临行前，毛泽东意味深长地对周恩来说："进京赶考去！"周恩来答道："我们应当都能考试及格，不要退回来。"毛泽东说："我们决不当李自成，我们都希望考个好成绩。"毛泽东当年的谆谆告诫，如黄钟大吕，振聋发聩。

第二，从精神内涵的关键层面来看，都是不畏艰险、勇于开拓

陕甘边和陕北革命根据地的发展虽然屡经挫折，但他们坚信中国革命有着光明的前途。革命先辈把党的革命理论与陕甘实际相结合，尤其是在与中央中断联系的情况下，不盲目依靠上级指示和抽象教条，善于把党的正确路线方针同陕甘的实际相结合，正确地估量敌情我情，按照客观情况去决定自己的政策，表现出政治上的成熟性和独创性，为探索中国革命正确道路做出了重大贡献。

在全国胜利前夕的中共七届二中全会上，毛泽东针对当时中国革命的形势和任务并结合党在未来可能会出现的一些问题，首次提出了"两个务必"的忠告，并提议通过了"不做寿、不送礼、少拍掌、少敬酒、不把中国同志同马恩列斯平列"等六条规定，西柏坡以其成为"立规矩"的地方而在中国共产党的历史上写出了新篇章。以毛泽东为代表的中国共产党人勇敢地向困难挑战，以超乎常人的历史眼光和政治智慧，认识到了执政后将面临的问题，初步回答了靠谁执政、为谁执政、怎样执政、怎样执好政等问题，不仅指导了中华人民共和国成立初期党的各项工作的开展，而且奠定了中国共产党执政理念的根基，同时也是对西柏坡精神的丰富和践行。

第三，从精神内涵的价值追求层面来看，都是军民同心、风雨同舟

南梁根据地是在革命处于低潮和遭受严重挫折的时期创建的。根据地党政军领导人，始终与人民群众打成一片，紧紧依靠人民群众，与人民群众建立了患难与共、生死相依的血肉联系。刘志丹说："革命需要建立统一战线，敌人越少越好，朋友越多越好。我们增加一分力量，敌人就减少一分力量。"许许多多传唱至今的陕甘民歌生动地反映了当时党与群众的亲密关系,"只见公仆不见官",是南梁精神最鲜明的特点。毛泽东同志称赞刘志丹同志是"群众领袖、民族英雄",谢子长同志是"民族英雄"、"虽死犹生",习仲勋同志是"从群众中走出来的群众领袖"。这些赞语中最耀眼的就是"群众"二字。

西柏坡时期是我党历史上最团结的时期之一,也是中华民族实现大团结的辉煌时期。党中央根据新民主主义革命总路线制定一系列政策,广泛依靠和发动群众,积极团结工农和革命知识分子,形成了广泛的统一战线,使军民空前团结。可以说,没有中国共产党人海纳百川的宽阔胸怀,没有马克思主义者的远见卓识,统一战线是建立不起来的。统一战线既是我党战胜敌人的法宝之一,也是西柏坡精神的主要内容之一。

第四,从精神内涵的动力源泉层面来看,都是顾全大局、勇于牺牲

在陕甘边和陕北革命根据地创建过程中,中国共产党人和革命志士面临着恶劣的发展环境和艰苦的生存条件,面临着革命斗争的生死抉择,不利的环境和艰苦的斗争,考验着每一个人。以刘志丹等为代表的陕甘共产党人即使在个人遭受错误批判和打击的情况下,依然不顾个人安危,始终坚持维护党的领导,服从组织决定,在错误得到纠正之后捐弃前嫌,不计个人恩怨得失,以顾全大局的精神谋求党内团结,最终保全了根据地并使其不断发展壮大。为了建立革命武装，刘志丹、谢子长、习仲勋等共产党人"提着花岗岩的脑袋"闹革命，历经磨难壮心不已，以"百折不回，至死不变，垮了再来，再垮再来"的精神创建了南梁游击队，创建了陕甘红军，创建了陕甘革命根据地。

到了西柏坡时期，敢不敢打前所未有的大战役，敢不敢攻克大城市，敢不敢歼灭敌人强大的兵团，成为解放战争战略决策上的重大问题。正是在此形势下，我们党发出了"敢于斗争、敢于胜利"的号召，拉开了战略反攻的序幕。以毛泽东为首的中共中央抓住战机，及时组织战略决战，面对国民党"划江而治"的图谋，党中央及时决断，明确指出必须全部消灭一切反动势力，将革命进行到底，将革命由局部胜利引向全国胜利。

历史一再证明，南梁精神和西柏坡精神中所包含的精神实质是我们党强有力的政治优势，也是我们党的优良传统和作风，更是共产党人的精神境界和高尚品德的宝贵凝结和生动体现。两种精神的基本内涵具体展示了中国共产党的先进性和纯洁性。

三、走好长征路、赶考行，做新时代的答卷人

南梁精神和西柏坡精神，是党自身优秀品质在新民主主义革命理论和实践中的彰显，是中国革命重要的"制胜基因"之一。当前，需要我们一以贯之推进新的伟大社会革命，使中国特色社会主义道路、理论、制度、文化日臻完善成熟。

第一，弘扬革命精神，是我们党取得伟大成就后，迎接新的

历史考验的需要

回顾过去，在中国共产党领导下，中国实现了民族独立，建立了社会主义国家，实现了中华民族由近代不断衰落到根本扭转命运、持续走向繁荣富强的伟大飞跃，我国的改革开放和社会主义现代化建设取得了举世瞩目的伟大成就。但是，我们取得的成就只是在伟大征途上迈出的坚实一步，我们要走的路还长得很，我们可能遇到的困难和挑战还会很多。这就要求我们的党清醒认识世情国情党情的深刻变化，树立起强烈的问题意识，坚持问题导向，奔着问题去，跟着问题走，我们的一切工作要符合实际，经得起实践、历史和群众的检验。

第二，弘扬革命精神，是加强党的领导、保持党的先进性和纯洁性的需要

经过 98 年的风雨历程，中共的党员数量已超过 9000 万，这充分体现了中国共产党坚强的感召力、突出的吸引力、显著的凝聚力、强大的战斗力。在新时代，随着党的事业的发展，党员队伍和基层党组织建设面临着新的任务和挑战，影响党的先进性、弱化党的纯洁性的因素更加复杂，侵蚀党的肌体的现象还大量存在，而且这些因素和现象具有很强的危险性和破坏性。从中央八项规定到反"四风"，从党的群众路线主题教育实践活动到"三严三实"专题教育，从"两学一做"活动到"不忘初心、牢记使命"主题教育等，这充分体现了新一代中央领导集体加强党的作风建设的勇气和决心。

第三，弘扬革命精神，是牢记使命、践行以人民为中心的发展思想、实现人民对美好生活向往的需要

中国共产党人的初心和使命，就是为中国人民谋幸福，为中华民族谋复兴。这是激励中国共产党人永远向前的根本动力。心系群众、服务人民，恪守为民之责、履行为民之职，是我们党加强作风建设的主要内容，也是我们党坚持执政为民、始终成为中国特色社会主义事业领导核心的必然要求。只有坚持艰苦奋斗，心中装着人民群众，同人民群众同呼吸、共命运、心连心，才能保持我们党同人民群众的血肉联系，才能无论弱小还是强大，无论是顺境还是逆境，始终与人民风雨同舟，跨过一道又一道沟坎，取得一个又一个胜利。

第四，弘扬革命精神，是与时俱进、加快创新发展的需要

新时代是奋斗者的时代。中国共产党之所以伟大，就在于顺境不懈怠、逆境不退缩，始终保持坚定的目标，从"站起来""富起来"到"强起来"，从改革开放后的"三步走"战略到新时代的"两个阶段"战略安排，从温饱、小康、全面小康到社会主义现代化，发展目标在历史逻辑、现实逻辑与未来逻辑上环环相扣。当前，在深化改革开放的新时期，党中央正带领全国人民向着实现"两个一百年"奋斗目标和中华民族伟大复兴中国梦迈进。

伟大历史征程孕育伟大革命精神。伟大精神滋养和激励着一代又一代中国共产党人不畏艰难、英勇奋斗、从胜利走向胜

利。旗帜引领方向，道路关乎命运。在中国特色社会主义新时代，回答好新的时代课题，进行伟大斗争、建设伟大工程、推进伟大事业、实现伟大梦想，都需要我们传承好革命精神，以此激发广大干部群众艰苦创业、锐意进取、担当作为的勇气和力量，调动上上下下、方方面面的积极性、主动性、创造性，实干苦干加油干，为奋力开创新时代中国特色社会主义事业新局面提供强大的思想保证、精神动力和智力支持。

（作者系中共河北省委党史研究室科研处调研员，兼任河北省中共党史学会副秘书长）

南梁精神与党的群众路线

朱涛

南梁精神是中国共产党初心和使命的具体表现。中国特色社会主义进入新时代，必须深刻把握南梁精神"面向群众"的精华，把弘扬南梁精神与坚持党的群众路线紧密结合起来，全面推动各项事业发展。

一、源头活水：陕甘边区的革命斗争实践孕育了南梁精神

陕甘边区跌宕起伏、波澜壮阔的革命斗争实践，是孕育、涵养南梁精神的源头活水。南梁精神是中国共产党人初心和使命在陕甘边区铁血斗争中的集中反映，高度浓缩在"面向群众、坚守信念、顾全大局、求实开拓"这十六个字当中。

（一）"面向群众"引领南梁精神的方向

陕甘边区苏维埃政府是中国共产党为领导人民翻身解放而建立的红色政权，是人民利益的忠实代表和坚定捍卫者。刘志丹、谢子长、习仲勋等"南梁人"都是坚持面向群众、践行执政

为民理念的典范。刘志丹亲民爱民，与群众亲如一家，无论是普通战士还是老百姓都直呼其"老刘"。[1]习仲勋经常提醒政府工作人员："一定要注意和群众搞好关系、搞好团结，力争在任何情况下都要首先得到群众的理解和支持。"还亲自帮助群众种地、修房子、打扫院子、打碾粮食，同根据地人民建立起十分融洽的关系。时任华池县抗日民主政府县长的李培福则时刻提醒政府工作人员："人民群众养育了我们，我们就得为人民群众着想，只要是人民群众的事，小事也是大事，我们不能拿老百姓的一针一线，损坏了老百姓的东西一定要照价赔偿！"[2]

在陕甘边区苏维埃政府的领导下，陕甘边根据地发展成为硕果仅存的陕甘革命根据地，为红军长征提供了落脚点，为全民族抗日战争提供了出发点。毛泽东给予陕甘边区的干部高度评价。他给刘志丹的题词是"群众领袖、人民英雄"；称赞习仲勋"党的利益在第一位"，是"从群众中走出来的群众领袖"；给陇东分区专员马锡五的题词是"一刻也离不开群众"；给华池县县长李培福的题词是"面向群众"。毛泽东对南梁根据地这些干部

---

[1]《刘志丹纪念文集》编委会：《刘志丹纪念文集》，军事科学出版社，2003年，第2页。

[2]《华池县志》编委会：《华池县志》，甘肃人民出版社，1984年，第287页。

陕西省富平县怀德公园习仲勋雕塑

的褒奖，是陕甘边根据地领导人始终坚持面向群众的真实写照。

（二）"坚守信念"铸就南梁精神的基本灵魂

政治信仰是共产党人的精神支柱和指路明灯。陕甘根据地之所以"硕果仅存"，一个重要的原因就在于领导人都有坚定的信仰。南梁革命斗争时期，先后发动了七十多次兵变都失败了，但刘志丹始终坚信革命必定胜利。两当兵变失败后，年轻的习仲勋心情沉重，刘志丹鼓励他说："干革命不能怕失败！失败了再干嘛，我失败的次数要比你多得多呀。"习仲勋很快振作起来，投入到根据地的各项建设中，提出了著名的"十大政策"，促使根据地很快发展壮大起来。在艰苦卓绝的革命岁月里，针对一些同志遇到困难、挫折时的消沉和动摇，谢子长鼓励大家："失败是成功之母，一次不成再来一次，最后胜利一定是属于我们的。"他还说："老子不行交给儿子，儿子不行交给孙子，有志者事竟成嘛。"[1]

刘志丹、谢子长、习仲勋等当年的"南梁人"，在一次次的困难、挫折和失败面前，意志坚如铁，信仰大于天，始终百折不挠，愈挫愈勇，不断巩固发展着根据地，壮大了红军力量，由此铸造了南梁精神的崇高灵魂。

---

[1] 杨林：《纪念谢子长同志》，《解放日报》，1946年2月22日。

(三)"顾全大局"体现南梁精神的根本特色

在受"左"倾错误的影响,党内面临严重危机时,刘志丹、习仲勋等"南梁人"表现出铁一般的党性原则和卓越的大局意识。阎家洼子会议上,个别人武断地指责刘志丹、习仲勋等是"逃跑主义",有"浓厚的土匪色彩",对南梁地区的工作妄加批判。为支援陕北工作,刘志丹、习仲勋等忍辱负重、不计前嫌,主动调拨了100支步枪和数百块银圆,并派南梁红军主力同陕北游击队一起作战,共同粉碎敌人对陕北根据地的反革命"围剿"。在错误肃反中,刘志丹因公去瓦窑堡,半路上碰到传送逮捕他的密令的通讯员,通讯员把信交给他,让他逃走。为了保护更多的同志,为了不使党分裂,刘志丹毅然赶往瓦窑堡,打算说服"左"倾错误的执行者,宁愿自己受委屈,也不让逮捕正在前线浴血奋战的好干部。李维汉评价说:"刘志丹明知自己也会被捕,他有枪杆子,又有群众支持,要干就干起来了。那红军就打起内战了,给敌人造成一个很大的机会。他明知个人会有危险,但还是顾全大局,服从纪律。"[1]

刘志丹、谢子长、习仲勋等根据地领导人在极端恶劣、无比凶险的环境下,为了维护党的利益,维护党的纪律,维护红军的团结,从革命的大局出发,一次次忍辱负重,将个人的生死荣辱置之度外,体现出中国共产党人的高风亮节,揭示了南梁精神的鲜明特

---

[1] 李维汉:《回忆与研究》,中共党史出版社,2013年,第476页。

色。

(四)"求实开拓"彰显南梁精神的本质内涵

在艰苦的斗争实践中,刘志丹、习仲勋等创造性地提出了武装斗争与土地革命、根据地建设、创立红色政权三结合的独立自主开展武装斗争的光辉思想,推动了陕甘边和陕北根据地的政权建设、经济建设和其他各方面的工作,使得南梁红色政权虽历经波折却能够长期坚持下去。在1929年的红石峡会议上,根据刘志丹的意见,决定采取以"红色""白色""灰色"三种斗争形式开展武装斗争,创建革命军队,"三色"建军成为南梁根据地的革命理论。[1]包家寨会议作出决议,划分出分别以安定、南梁、照金为中心的陕北、陇东、关中三个游击战略区,扩大红军的回旋余地,加强各游击队、游击区之间的相互支援。三路游击区又以南梁为中心,沿子午岭向南北发展。毛泽东赞扬说,刘志丹创立根据地的模式如"狡兔三窟",一时在此一时在彼,是很高明的。[2]

从"三色"建军方针的制定到"狡兔三窟"式的根据地创建

---

[1]《刘志丹纪念文集》编委会:《刘志丹纪念文集》,军事科学出版社,2003年,第3页。

[2]《刘志丹纪念文集》编委会:《刘志丹纪念文集》,军事科学出版社,2003年,第6页。

模式，再到"三结合"的独立自主开展武装斗争的光辉思想，都雄辩地证明，刘志丹、谢子长、习仲勋等中国共产党人具有求实开拓的强烈意识，求实开拓是南梁精神的深刻内涵。

二、面向群众：南梁精神的精华

陕甘边区苏维埃政府是共产党人领导的红色政权，是人民利益的忠实代表，这决定了陕甘边区苏维埃政府一切工作的出发点和最终归宿都必须是也必然是广大人民群众的利益。从这个意义上来说，南梁精神说到底是走群众路线的产物，面向群众是南梁精神的思想精华。南梁精神在民主政权、经济建设、军事斗争、文化生活等各方面凸显党的群众观点，服从于党的群众路线。

（一）民主政权建设始终贯彻党的群众路线

民主选举产生陕甘边区苏维埃政府，是陕甘边根据地领导人始终坚持群众观点、走群众路线的重要表现。1934年，陕甘边区工农兵代表大会做出决定，采取无记名投票的方式表决。大家集思广益，采取了一种别开生面的选举方式——投豆选举。这是陕甘边区组织实施的第一次民主选举，参与面广，人员众多，对于广大群众来讲也是一次民主革命思想的大洗礼，受到群众普遍欢迎。

陕甘边区苏维埃政府成立以后，高度重视廉政建设，把廉政当作头等大事，建立了严格的法规制度。习仲勋回忆："群众

最痛恨反动政权的不廉洁,无官不贪。我们要注意这个问题,穷要有骨气,要讲贞操,贪污十块大洋就要枪毙。"[1]在南梁精神引领下,干部做到了廉洁奉公,维护了人民群众的根本利益。

(二)社会经济建设充分体现党的群众路线

中国共产党领导人民闹革命的目的,是要让广大群众过上幸福生活。陕甘边区苏维埃政府成立后,通过了财政、粮食等问题决议案,颁布了商业、金融、贸易等法令政策,刺激了边区经济的发展。为了搞活农村经济,边区政府在荔园堡设立了集市,每月初一、十一、二十一日为集日,为当地农民提供了互通有无、调剂余缺的市场,改善了人民生活,赢得了群众的拥戴。

(三)军事斗争工作坚持党的群众路线

刘志丹、习仲勋等领导人在极端凶险、无比恶劣的环境下,充分依靠群众、发动群众,坚持不懈地进行军事斗争,巩固了陕甘边根据地,壮大了革命力量,在反围剿斗争中占得先机,为党中央和中央红军落脚西北奠定了基础。陇东一带白天烈日炎炎,入夜寒气逼人,昼夜温差很大。红军西征时,习仲勋带领工作队做群众工作,白天召集群众开会,动员群众,晚上就在群众院子露宿。这个行动使老乡很感动,老乡就将自家的被子抱出来让工

---

[1] 习仲勋:《难忘的教诲》,《人民日报》,1993年10月24日。

作队员盖上，并称赞红军是一心为民的好部队。后来，群众专门腾出空窑洞让工作队和习仲勋同志住。习仲勋带领队员们抽空帮群众运粪、收割庄稼，局面很快打开。群众白天在田间劳动，晚上自发给武工队站岗放哨，军民团结一家亲。

在习仲勋和工作队员的积极努力下，当地的许多小伙子革命积极性十分高涨，纷纷要求参军入伍。

（四）文化建设工作印证党的群众路线

发展文化教育事业，是陕甘边根据地社会建设的重要内容。为提高党员、干部的文化水平，早在1932年，红二十六军就在香山寺游击区成立了随营学校，传授文化知识。1934年10月，刘志丹任校长、习仲勋任政委的军政干部学校开学，学员主要是红军、游击队的干部，教学内容有政治、军事、文化和政权建设，为陕甘边根据地培养了一批军政人才。边区政府成立后，又在荔园堡、太白等乡村办起了几所列宁小学，开展成人文化教育。[1]

陕甘边区苏维埃政府还广泛开展移风易俗活动，建立了禁烟、禁赌、放足委员会，颁布了相应的法规，制定了反对封建包办婚姻、反对封建迷信的条例，努力用新思想、新文化教育、影响群众，引导群众从封建思想的枷锁中解放出来。抽鸦片、赌博的恶习很快在苏区得到了有效遏制，一些"怜命骨"式的"瘾君子""烟把式""轱辘子"（当地俗语中将赌徒叫"轱辘子"），也逐

---

[1] 刘凤阁、任愚公：《红二十六军与陕甘边苏区》，兰州大学出版社，1995年，第101页。

渐戒除了恶习，慢慢地开始种庄稼。①过日子的好迹象逐渐表现了出来，村风也一天一天开始好转。

三、走向未来：坚持党的人民性，时刻践行党的群众路线

习近平同志多次强调指出，中国共产党最大的政治优势是密切联系群众，党执政后最大的危险是脱离群众。我们党来自人民、植根人民、服务人民，一旦脱离群众，背离全心全意为人民服务的根本宗旨，就会失去生命力。新时代弘扬南梁精神，关键是要坚持党的人民性，持之以恒地以纯党性、正党风、强本领为抓手，确保党的组织和党员干部时时、处处坚持群众路线，不断厚植党执政的群众基础。

（一）弘扬南梁精神，坚持群众路线，就要彻底纯洁党性

共产党人的党性和人民性是统一的，全心全意为人民服务是中国共产党最鲜明的党性。1944年秋，在绥德地区召开的司法会议上，习仲勋作了《贯彻司法工作的正确方向》的讲话，提

---

① 刘凤阁、任愚公：《红二十六军与陕甘边苏区》，兰州大学出版社，1995年，第932页。

出的第一条要求是"把屁股端端地坐在老百姓的这一面"。[1]当前，我们正处于一个前所未有的社会转型时期，思想观念多元、利益诉求多样，越是这个时候，越需要共产党人坚持以人民为中心，把人民对美好生活的向往作为奋斗目标，始终把人民放在心中最高位置，忠实践行全心全意为人民服务的根本宗旨，把党的群众路线贯彻到经济社会治理的全部活动之中，解决好改革发展中的实际问题，解决好群众最直接、最迫切的现实问题，让人民群众得到实在的利益、见到实在的成效。

（二）弘扬南梁精神，坚持群众路线，就要切实端正党风

党风连着民风、系着民心。2014年3月，习近平同志重访兰考时说："革命时期我们同敌人作斗争，一刻也离不开老百姓保护和支持，党执政了是不是能做到一刻也离不开老百姓？我们必须改进作风，只有这样才能牢牢秉持为人民服务的宗旨，获得人民真心支持。"这是总书记对改进作风、密切与群众之间联系的重要性的深沉思索。弘扬南梁精神、坚持群众路线，务必以领导机关、领导班子、领导干部为重点，抓住关键少数，改作风、树新风。要抓住密切党同人民群众的血肉联系这个核心，大兴求真务实之风，创新群众工作的办法，提高做好群众工作的能力和水平，从人民群众的伟大实践中汲取智慧和力量。要大刀阔斧地

---

[1]石家友：《有感习仲勋"屁股坐在老百姓这一面"》，《北京日报》，2013年2月18日。

Cultural Gansu
甘肃

寨子湾陕甘边区苏维埃政府旧址

整治空谈、浮躁、懒散、奢靡等不良风气，坚决克服形式主义、官僚主义及其新表现，做到凡是群众反映强烈的问题都严肃认真对待，凡是损害群众利益的行为都坚决纠正，以优良作风赢得民心、凝聚民心。

（三）弘扬南梁精神，坚持群众路线，就要不断增强为人民服务的本领

做好新时代群众工作，必须顺应时代潮流、把握时代特征，不断创新工作方式方法。要加强学习，深入研究新形势下群众工作的新情况、新特点，创新群众工作思路，创新群众工作载体，充分利用互联网等现代化手段和形式，提高为人民服务的技巧。要大兴调查研究之风，察实情、听真话、接地气，全面了解基层情况，深入研究探索破解群众难题的方法和路径。要宣传、教育、引导群众，做好统一思想、凝聚人心、化解矛盾、增进感情、激发动力的工作，强信心、聚民心、暖人心，使广大人民在理想信念、价值理念、道德观念上紧紧团结在一起，组织动员全体人民坚定不移跟党走，积极投身谱写中国梦的伟大实践。

（作者系中共庆阳市委副书记、庆阳市市长）

南梁精神与新时代党的建设新的伟大工程

刘秉政

2009年6月,时任中共中央政治局常委、中央书记处书记、国家副主席的习近平在视察南梁时说:"对南梁的革命历史一定要好好研究。"他指出:"它的历史地位和作用是什么?为什么是'硕果仅存'的根据地?为什么会'硕果仅存'?我们要加强研究。"强调要"大力传承南梁精神,使其发扬光大"。

南梁精神,是党的历史上创造和培育的众多革命精神中一个重要的类型,是中国共产党人精神家园的重要组成部分,是井冈山精神的传承和发扬,是延安精神的实践基础和重要组成部分。习近平的"南梁之问",为新时代大力发扬党的优良传统和作风,从南梁精神中汲取智慧和力量、坚持全面从严治党指明了方向,对坚定不移走中国特色社会主义道路、实现中华民族伟大复兴的中国梦具有十分重要的现实意义。

一、从南梁精神中汲取理想信念的力量，补足精神之"钙"，保持党员干部在理想追求上的政治定力，自觉做共产主义远大理想和中国特色社会主义共同理想的坚定信仰者、忠实实践者

习近平指出："理想信念是共产党人的精神之'钙'，必须加强思想政治建设，解决好世界观、人生观、价值观这个'总开关'问题。"坚守信念是南梁精神的灵魂，昭示着共产党人的初心和使命，充分体现出革命先辈对马克思主义的坚定信仰、对共产主义崇高理想的不懈追求、对中国共产党的无比忠诚。

以刘志丹、谢子长、习仲勋等为代表的陕甘共产党人始终不忘革命初心。大革命失败后，他们在党的领导下先后组织发动七十多次武装起义，都遭到了失败。在认真总结多次武装起义和兵运工作失败的经验教训后，他们对探索中国革命道路的认识产生飞跃，决心走井冈山道路，在敌人统治薄弱的陕甘边界地区开展武装斗争，建立革命根据地，实行工农武装割据。

陕甘边区革命斗争史是一部坚守革命信念、不怕流血牺牲的壮丽史诗。在陕甘红军发展史上，曾遭受东进韩城、死守五顷塬和南下渭华三次重大失败，造成无法弥补的损失。每当部队受到挫折时，刘志丹等就以坚定的革命信念教育感染部队：困难和挫折只是暂时的，胜利一定属于红军。

刘志丹等共产党人深刻认识到，要奋斗就会有牺牲。1931年6月，领导开展兵运工作的刘志丹被苏雨生扣押，下狱彬县，遭到军阀严刑拷打，他从未向反动势力低头。1936年4月，刘志丹牺牲在东征前线，年仅33岁。1934年2月，红四十二师师长王泰吉被捕后，始终保持共产党人宁死不屈、视死如归的英雄气概，和国民党坚决斗争到底，直到生命最后一刻。在南梁革命英雄纪念碑上，有名有姓的烈士就有609人，他们为革命献出了自己年轻的生命，体现了中国共产党人崇高的理想信念和敢于牺牲的革命精神。

推进新时代党的建设新的伟大工程，要从南梁精神中汲取理想信念的力量，教育广大党员干部以革命先辈为榜样，坚定中国特色社会主义信念，做到任何时候任何情况下都坚持理想信念不动摇、革命意志不涣散、奋斗精神不懈怠；就是要切实把理想信念教育摆在党员干部教育首要位置，引导全体党员立根固本、挺起精神脊梁，自觉做共产主义远大理想和中国特色社会主义共同理想的坚定信仰者、忠实实践者，为全面建成小康社会而努力奋斗；就是要自觉全面向中央基准看齐，弘扬社会主义核心价值观，增强中国特色社会主义道路自信、理论自信、制度自信、文化自信，始终传承南梁精神的精髓，发扬光大南梁精神。

二、从南梁精神中汲取维护大局的力量，筑牢党性之魂，进一步增强"四个意识"，做到"两个维护"，确保党中央各项决策部署在基层全面贯彻落实

习近平强调："必须牢固树立高度自觉的大局意识，自觉从大局看问题，把工作放到大局中思考、定位、摆布，做到正确认识大局、自觉服从大局、坚决维护大局。"顾全大局是南梁精神的核心，就是靠着这种顾全大局的精神，党带领陕甘边区民众团结对敌，赢得了战争全局的主动，取得一个又一个胜利。

始终以党的利益为重是陕甘根据地"硕果仅存"的一条最根本的历史经验。1932年6月梁掌堡会议上，面对红军在行动方向上出现的分歧，刘志丹等通过耐心细致的工作，统一了部队思想，最终决定坚持在陕甘边区开展游击活动，伺机向南北发展，从而避免了分裂，维护了团结。1932年12月红二十六军成立时，杜衡代表陕西省委责成刘志丹、谢子长等赴上海"受训"。刘志丹、谢子长从部队建设的大局出发，服从省委的决定。在王世泰等人坚决要求下，刘志丹留下来，他积极协助王世泰做好工作，帮助起草《政治工作训令》和纪律条例，尽一切可能维护部队的团结。

1934年7月阎家洼子会议上，陕甘边、陕北两块根据地红军主要领导人从大局出发，集中精力研究和讨论陕北根据地第一次反"围剿"斗争问题。会后，红二十六军在自身给养十分困难的情况下，给陕北游击队提供了100余支步枪、若干弹药和数百银圆的经费支援，并派红四十二师第三团北上，配合开展陕北根据地第一次反"围剿"斗争，为陕甘边、陕北革命根据地的统一奠定了坚实基础。

1935年9、10月间，在陕甘苏区错误肃反中，当刘志丹从通信员那里看到抓捕自己的密令后，不顾个人安危，毅然前往瓦窑堡说明情况，结果被"左"倾错误的执行者关押。在错误肃反中，习仲勋有机会躲过此难，但他拒绝了。他说："不能走，我落一个法西斯分子，把我杀了，我也不能走，这些同志都是以我的名义叫回来的，我怎么能走呢？"[①]李维汉指出："刘志丹明知一部分同志被冤屈关起来，自己也会被捕，他有枪杆子，又有群众支持，要干就干起来了。那红军就打起内战了，给敌人造成一个很大的机会。他明知个人会有危险，但还是顾全大局，服从纪律。"[②]

推进新时代党的建设新的伟大工程，就是要从南梁精神中汲取维护大局的力量，自觉维护以习近平同志为核心的党中央的权威，增强政治意识、大局意识、核心意识、看齐意识，同党

[①]《习仲勋传》编委会：《习仲勋传》，中央文献出版社，2008年，第204页。

[②]李维汉：《回忆与研究》，中共党史出版社，2013年，第476页。

中央保持高度一致,保证中央政令军令畅通,贯彻执行中央的决策部署;要教育广大党员干部以党和人民的事业为重,勇于放弃个人或小团体局部利益,撸起袖子加油干,做一颗具有大局意识的螺丝钉,拧到哪里都能闪闪发光;要"先立乎其大",做到胸怀大局、把握大势、着眼大事,自觉在"全局之图"中找准坐标,顺势而为、有所作为;要善于团结人、发动人,自觉维护改革发展稳定大局,汇聚众人之智,用好众人之力,形成共同奋斗的强大合力。

三、从南梁精神中汲取追求真理的力量,把准实践之舵,坚持解放思想、实事求是、与时俱进,不断在实践上有新突破、在理论上有新发展,书写马克思主义中国化新篇章

实事求是是兴业之本。在纪念邓小平诞辰110周年座谈会上,习近平强调:"事实是真理的依据,实干是成就事业的必由之路。我国革命、建设、改革的历史反复证明,只有制定符合实际的政策措施,采取符合实际的工作方法,党和人民事业才能走上正确轨道,才能取得人民满意的成效。"坚持实事求是、坚持一切从实际出发,是南梁精神的精髓。就是依靠这种务实的精神,陕甘边区党和红军领导人始终坚持"梢林主义",形成了根据地创建的"陕甘模式",成为党探索中国革命道路的重要组成部分，为中国革命的胜利提供了来自陕甘边区的智慧和经验。

红石峡会议上，刘志丹创造性提出"三色"建军方式。在创建陕甘红军和陕甘边革命根据地的过程中，党和红军领导人坚决反对和自觉克服"左"倾错误主张，对敌人不搞一刀切，区别不同对象，采取积极争取、分化瓦解、教育改造、打击镇压等不同政策，扩大革命阵营，凝聚革命力量。"三色"建军方式是陕甘边革命根据地的一个伟大创举，为陕甘边区革命力量的发展起到了至关重要的作用。

1933年11月，中共陕甘边区特委和红军临时总指挥部在合水县包家寨举行联席会议，提出以南梁为中心建立陇东、陕北、关中三路游击区，互相配合呼应开展游击战争，探索出在流动中求生存、求发展的根据地创建规律。这种独具陕甘特色的根据地建设思路，是对毛泽东"工农武装割据"思想的灵活运用和重大发展。后来，毛泽东十分赞赏地说："刘志丹创建的根据地，用了'狡兔三窟'的办法，创出局面，这很高明。"[1]习仲勋也在回忆文章中指出："梢林主义是创造根据地的马列主义。"[2]

---

[1] 中国人民解放军军事科学院：《忠心耿耿　为党为国》，《刘志丹纪念文集》编委会：《刘志丹纪念文集》，军事科学出版社，2003年，第7页。

[2] 习仲勋：《陕甘高原革命征程》，中共陕西省委党史研究室、中共甘肃省委党史研究室：《陕甘边革命根据地》，中共党史出版社，1997年，第262页。

陕甘边区苏维埃政府成立后，针对当地物产匮乏的问题，采取开放性经济政策，注重发展工商业，搞活商贸流通，开设集市，发行"苏币"，每逢集日，政府还专门开设货币兑换处，解决市场缺少零钱的问题。习仲勋鼓励白区商人来苏区做生意，还亲自请从白区来庆阳的大商人吃饭。习仲勋领导陕甘边区苏维埃政府开展的经济反"围剿"斗争，孕育着改革开放的思想，为中国共产党成功领导革命、建设和改革开放事业提供了宝贵的经验。

推进新时代党的建设新的伟大工程,要从南梁精神中汲取追求真理的力量,坚持以习近平新时代中国特色社会主义思想为指导,坚持一切从实际出发,始终依据实际情况想问题、作判断、定决策,努力使提出的理论、路线、方针、政策符合客观实际;要坚持解放思想,用新眼光看待新事物,用新办法解决新问题,用新思路谋求新发展,以创新的精神解决发展过程中出现的各类困难和问题,不断开创工作新局面;要深刻认识马克思主义的时代意义和现实意义,锲而不舍推进马克思主义中国化、时代化、大众化,使马克思主义放射出更加灿烂的真理光芒。

四、从南梁精神中汲取人民至上的力量，践行为民之本，坚持把全心全意为人民服务作为工作的根本出发点和落脚点，牢固树立以人民为中心的思想，努力实现好、维护好、发展好最广大人民的根本利益

习近平总书记强调："我们要牢记人民对美好生活的向往就是我们的奋斗目标，坚持以人民为中心的发展思想，努力抓好保障和改善民生各项工作，不断增强人民的获得感、幸福感、安全感，不断推进全体人民共同富裕。"这种"人民至上"的价值取向，是党的发展取得的历史经验。

面向群众是南梁精神的根基，是创建陕甘边革命根据地一条最宝贵的经验。在艰苦的斗争环境中，陕甘边区共产党人深刻认识到人民群众的重要作用，懂得战争的胜利取决于人心向背，取决于广大人民群众支持与否。作为陕甘边革命根据地主要创建者，刘志丹密切联系群众，严于律己，要求部队秋毫无犯，不拿群众一针一线。一次，部队赴绥德作战，时值农历五六月，烈日炎炎，为走近道，一个连从群众庄稼地里走过。刘志丹知道后，一到驻地，马上召集队伍开会，教育战士要时时刻刻注意群众利益，不要再踏坏老百姓的庄稼。

在筹建陕甘边区政府的过程中，习仲勋把实现人民当家做主作为始终不渝的奋斗目标，深入实际，走村串户，动员鼓励贫苦农民把自己信任的人选出来。经投票选举，习仲勋当选陕甘边区苏维埃政府主席。党在陕甘边革命根据地严格依据民主程序选举苏维埃政府领导人，这在当地是"开天辟地第一次"，老百姓纷纷奔走相告："我们几辈子人没有见过这样的大事情。"[1]

陕甘边区苏维埃政府还采取免除群众农业税、开展生产运动、奖励农耕等措施；对红军家属和孤寡残疾人实行救济；争取改造"二流子"参加生产；建立牧场，喂猪养牛，并从政府办的牧场中提供牛、羊、马匹给贫苦农民，帮助群众改善生产生活状况，努力解决群众生产生活中的实际问题，赢得了人民的信任和支持。

习仲勋带头建设清廉政府，在群众家吃饭后，折算成钱，照价付给群众。他还号召党政军机关经营红军公田、兴办小牧场、种粮种菜、养猪养羊，补充红军和机关所需。习仲勋回忆说："贪污十块大洋就要枪毙。"[2]陕甘边区苏维埃政府始终以群众利益为导向，一切为了群众，切实关心群众疾苦，真正体现了共产党人的执政理念。

---

[1] 蔡子伟：《陕甘边根据地政权建设回忆》，中共陕西省委党史研究室、中共甘肃省委党史研究室编：《陕甘边革命根据地》，中共党史出版社，1997年，第624页。

[2] 习仲勋：《难忘的教诲》，《人民日报》，1993年10月24日。

推进新时代党的建设新的伟大工程，要从南梁精神中汲取人民至上的力量，坚持人民利益高于一切，牢固树立"以人民为中心"的思想。坚持以民为师，深入基层，融入群众，从群众的实践创造中汲取营养，真正依靠广大群众的智慧和力量做好工作；坚持以民为镜，把人民群众的意愿、要求和利益作为想问题、作决策、办事情的出发点和落脚点，尽心竭力为群众谋福祉、办实事、办好事；坚持以民为秤，让群众监督权力运行，让群众评判工作成效；以群众赞成不赞成、满意不满意、答应不答应为标准，用扎实的工作、有效的业绩赢得群众的信赖和支持。

（作者系中共庆阳市委党史工作办公室副主任）

南梁精神对党的群众路线发展的历史贡献

张桂山

群众路线是党的生命线和根本工作路线，是党全部工作的基石。以"面向群众、坚守信念、顾全大局、求实开拓"为主要内容的南梁精神，是以刘志丹、谢子长、习仲勋为代表的老一辈革命家在创建"两点一存"的陕甘革命根据地的历程中，领导根据地党政军民共同培育形成的共产党人崇高品格和经验智慧的结晶，是成功缔造"硕果仅存"的陕甘革命根据地的根本内因和牢固根基，是中国共产党人精神之魂的重要组成部分。

陕甘革命根据地领导人在远离中国革命重心、远离党中央，甚至一度和上级党组织失去联系的情况下，坚持从革命斗争实际出发，自觉创造性地开展群众工作，赢得了根据地人民的拥护、信赖和支持，使党组织和红色政权从无到有，使根据地由小到大，使陕甘红军由弱到强，为中国革命胜利做出了不可磨灭的贡献，也为党的群众路线创立发展做出了重要历史贡献。

一、南梁精神奠定了群众路线在党的全部工作中的重要地位

理想信念是成就党和人民事业的坚强保证。没有信念要干成革命、建设和改革事业只会是一句空话。有了信念，但没有人民的理解、拥护、信任、支持，再坚强的信念都会付出惨痛代价。刘志丹、谢子长、习仲勋等在革命斗争的腥风血雨中，深切认识坚持党的群众路线的重要性。在经历过大大小小七十多次兵变起义的失败后，刘志丹沉痛地说："最根本的原因就是军事运动没有同农民运动结合起来，没有建立起革命根据地。"[1]他经常给战友们讲："群众宣传好了，我们就能打胜仗。群众宣传不好，没有人替你通风报信，就要挨打。"[2]针对一些同志对游击战争的性质、任务和工作方针不明白不理解的问题，刘志丹说："我们所进行的游击战争实际上是农民战争，是党领导的一场广

---

[1] 习仲勋：《陕甘高原革命征程——回忆陕甘边革命根据地》，中共陕西省委党史研究室、中共甘肃省委党史研究室：《陕甘边革命根据地》，中共党史出版社，1997年，第246页。

[2] 杨培盛：《和老刘在一起"闹红"的日子》，《刘志丹纪念文集》编委会：《刘志丹纪念文集》，军事科学出版社，2003年，第330页。

泛的农民战争。因此，在战争的进程中始终不要忘记，一定要向广大农民群众敞开大门，这样我们所进行的游击战争才有广阔的发展前景。"[1]谢子长的英名威震陕北，令敌人闻风丧胆，但对老乡和蔼亲切。他常说："我们是老百姓的儿子，革命又是为老百姓。所以要尊重老百姓，如果打骂老百姓，就是败家子、丧家犬。狗肥不认主的话，我们就要失败。"[2]习仲勋回忆南梁革命斗争经历时说："虽然'梢林'人口稀少，经济文化落后，环境极其艰苦，但是群众有强烈的土地革命愿望，因此我们总是先进行群众工作，一村一村做调查，一家一户做工作。"[3]把群众路线放在首位，也为党中央所肯定。在落脚陕甘革命根据地后，党中央继续把密切联系群众、紧紧依靠群众作为基本工作方法，保证了陕甘宁边区抗日民主根据地各项建设的顺利展开。这一方法也被推广到了全国各抗日根据地。

---

[1] 张仲良：《回忆陕甘边"第三路游击队"》，刘凤阁、任愚公：《红二十六军与陕甘边苏区》，兰州大学出版社，1995年，第836页。

[2] 王志厚、王建平：《谢张言论荟萃》，中国文化出版社，2011年，第83页。

[3] 习仲勋：《历史的回顾》(代序)，中共陕西省委党史研究室、中共甘肃省委党史研究室：《陕甘边革命根据地》，中共党史出版社，1997年，第2页。

二、南梁精神为党的群众路线成熟确立树立了成功典范

群众路线是中国共产党的独特创造。从党的一大到六大，党都始终强调要紧紧依靠人民群众实现党的任务。中共六大明确提出了"党的总路线是争取群众"的重要论断。但是党的群众路线从认识提出、逐步深入、丰富发展再到成熟确立，经历了漫长的时间，也付出了沉痛的代价。党在"八七会议"后建立的中央革命根据地、鄂豫皖革命根据地等大大小小的根据地相继丧失，而陕甘革命根据地能够"硕果仅存"，一个重要的原因就是始终坚持党的群众路线。

陕甘边和陕甘根据地的党、政府和红军始终紧紧依靠群众，密切联系群众，与群众打成一片、融为一体、患难与共、生死相依。红军为争取人民的革命果实舍生忘死、流血奋斗，苏维埃政府为了人民翻身解放辛劳奔波、忘我工作，党政军各级干部亲民爱民、一心为民、清正廉洁。根据地出现了"只见公仆不见官"、政治清明、生产发展、市场繁荣、百姓向往的崭新社会局面。这种始终把人民的利益放在第一位，始终与人民同呼吸、共命运、心连心，始终面向群众、一心为民的工作路线，是陕甘边和陕甘根据地立于不败之地的根本保证。

全民族抗日战争进入相持阶段后，陕甘宁边区处于稳固的大后方，党中央、毛泽东同志在领导指挥全民族抗日战争的同时，认真思考中国革命的战略问题。在整风运动期间，毛泽东、周恩来等领导同志提出了群众是真正的英雄、群众的意见和经验是党制定政策的基础、只有做群众的学生才能做群众的先生等观点。1945年党的七大上，群众路线被作为党的根本路线明确写入党章，标志着党的群众路线经过不断丰富发展和实践检验，形成了成熟系统的理论体系。南梁精神的成功探索实践，无疑发挥了样板和典型示范作用。

三、南梁精神为毛泽东思想提供了宝贵养分

党中央和中央红军长征到陕北后，陕甘根据地人民箪食壶浆、尽其所有热烈欢迎红军，使中央领导同志和红军战士真切感受到了回家的感觉。根据地的群众工作给毛泽东等领导同志留下了深刻印象。当了解到根据地正在错误肃反，毛泽东立即指示："停止逮捕，停止审查，停止杀人，一切听候中央来解决。"[1]他说："我们刚刚到陕北，仅了解到一些情况。但我看到人民群众的政治觉悟很高，懂得许多革命道理。陕北红军的战斗力很强，苏维埃政权能巩固坚持下来，我相信创造这块根据地

---

[1] 李维汉：《回忆与研究》，中共党史出版社，1986年，第371页。

的同志们是党的好干部。"①中央红军初到陕北,天寒地冻,语言不通,根据地弥漫着错误肃反的阴云。毛泽东指示要紧紧依靠当地干部开展工作。陕甘省政府主席朱开铨指示女干部罗培兰等四处寻找和联络陕甘边区的干部,使得根据地支前、筹粮、赶做军服军鞋等动员工作又迅速开展起来。

1936年4月,刘志丹牺牲在东征前线,当噩耗传到陕甘边区时,河山伤痛,万众悲泣。前线和后方的红军战士、战马都穿白戴孝,延安和山西中阳一带一时白布卖空。4月24日,中共中央及地方党政军机关、红军代表和群众数千人,在瓦窑堡隆重召开追悼大会,广大群众和红军指战员像失去亲人一样无比悲恸。中央军委副主席周恩来等致辞。会后,周恩来等党政军领导人亲扶灵柩安葬。

从1939年边区政府动议修建志丹陵,到1943年5月2日举行移灵公祭仪式,当地人民以各种方式表达对自己敬爱的领袖的热爱和悼念之情,发生了许许多多感人至深的故事。为了修建志丹陵,各县群众自发捐款捐物出工。移灵队伍经过的村庄,都有守候在路旁的群众跪地焚香烧纸,洒泪送灵,悲声不绝。一

---

①王首道:《中央为刘志丹平反》,《刘志丹纪念文集》编委会:《刘志丹纪念文集》,军事科学出版社,2003年,第407页。

些伤残红军、游击队员跟在灵车后护送着老首长。一位农民一直跟着移灵队伍不去，逢人便说："我们翻身得解放，都是共产党和刘志丹给带来的。"①在延安举行的万人公祭大会上，毛泽东、周恩来等中央领导赠送了挽联，朱德、任弼时、林伯渠等领导亲自迎灵并执绋而行，并在公祭大会上讲话。曾和刘志丹战斗生活过的战友同事个个泪流满面。在移灵公祭期间，毛泽东、周恩来、朱德都亲笔题词，党中央、西北局和军队领导数百人分别题词。中央机关、西北局和边区政府等部门都献了挽幛挽联。群众自发的祭奠活动也让毛泽东等中央领导受到感染。毛泽东曾说："刘志丹同志牺牲后，陕北的老百姓伤心得很，这说明他是真正的群众领袖。"②

谢子长是陕北人民敬爱的群众领袖。党中央机关迁驻瓦窑堡后，毛泽东和中央领导同志都听到过谢子长的英雄事迹。1939年7月，毛泽东主席在接见子长县干部和谢子长亲属时说："中央和中央红军从1935年10月来到陕北苏区后，我经常听到陕北干部、红军和人民群众讲到谢子长为创造这块根据地的不平凡的奋斗经历。我从直罗前线回到瓦窑堡，从大人娃娃口里听

---

①刘景儒：《回忆护送刘志丹灵柩》，中共甘肃省委：《纪念刘志丹》，中共党史出版社，2014年，第302页。

②中国人民解放军军事科学院：《忠心耿耿　为党为国》，《刘志丹纪念文集》编委会：《刘志丹纪念文集》，军事科学出版社，2013年，第14页。

到了不少关于谢子长带领他们战斗的故事。""西北红军的创始人谢子长败不丧志,真了不起呀!"[1]当年,边区党委、政府在谢子长的家乡修建烈士陵墓移骨安葬,毛泽东主席两次亲笔题词,并题写了300多字的碑文。毛泽东主席也赞誉习仲勋是"从群众中走出来的群众领袖"。

从我们党诞生以来,党中央和地方各级党委政府像这样隆重纪念党的群众领袖的公祭活动罕有。在公祭仪式上,各级机关和领导干部题赠的挽联挽幛等,饱含深情,高度赞扬刘志丹、谢子长的革命精神和崇高品格,无疑使全党看到了群众路线的力量。

四、南梁精神为延安精神形成提供了实践土壤

延安精神是在党中央、毛泽东的亲自领导下,由陕甘宁边区党政军民共同培育形成的伟大革命精神。陕甘宁边区是在陕甘根据地基础上建立的。延安精神有中央苏区精神、长征精神的优良传统和优秀基因,无疑也有南梁精神的独特品质和伟大建树。

---

[1] 张化民:《谢子长传》,中共中央党校出版社,2015年,第302页。

延安精神既有创建"硕果仅存"的陕甘革命根据地的伟大精神，也有创建陕甘宁边区模范抗日民主根据地的伟大精神；既有来自全国各地的党的优秀分子的创造与贡献，也有原陕甘根据地干部群众的创造与贡献。陕甘宁边区陇东分区在党中央和边区党委领导下，在军事上坚定进行了反"摩擦"斗争，保卫了党中央和边区；经济上开展了大生产运动，创造了"陇东粮仓"；政治上实行了"三三制"民主政权建设，树立了边区民主政治的样板；文化上掀起了新秧歌运动，创作的《咱们的领袖毛泽东》《绣金匾》《军民大生产》三首陇东民歌，唱响了全中国；司法上创造的"马锡五审判方式"至今是我国司法战线上的一面旗帜。这些工作成绩的取得，是党中央和边区党委政府领导的结果，也是传承陕甘边区党的群众路线光荣传统的结果。

1943年1月，毛泽东为西北局高级干部会议表彰的22位领导干部逐一题词，这22位干部中有16位是陕甘干部。毛泽东给关中分委书记习仲勋题词："党的利益在第一位"，给陇东地委书记马文瑞题词："密切联系群众"，给陇东分区专员马锡五题词："一刻也不离开群众"，给三八五旅旅长王维舟题词："忠心耿耿，为党为国"，给华池县县长李培福题词："面向群众"。在22个题词中有"群众"两字的6个，都是题给陕甘土生土长的基层党政干部的。毛泽东的这些题词是对陕甘根据地干部正确执行党的群众路线的充分肯定和褒奖。

五、南梁精神为习近平新时代中国特色社会主义思想提供了源头活水

党的十八大以来，以习近平同志为核心的党中央准确把握中国特色社会主义新的历史方位。在全党深入开展以为民、务实、清廉为主要内容的党群众路线教育实践活动，"三严三实"教育活动和"两学一做"制度化常态化教育，确保全党始终保持先进性和纯洁性。习近平总书记指出："我们党来自人民，植根人民，服务人民，党的根基在人民，血脉在人民，力量在人民。失去了人民拥护和支持，党的事业和工作就无从谈起。党要继续经受住执政考验、改革开放考验、市场经济考验、外部环境考验，就必须始终密切联系群众。"①这种以人民为中心、坚持人民至上的信念，与南梁精神中党的群众路线的思想作风是一脉相承的。习仲勋是陕甘边根据地和南梁精神的缔造者之一，对党的群众路线有着深刻体会和认识，一生坚持走党的群众路线，对党

---

①习近平：《群众路线是党的生命线和根本工作路线》，《习近平谈治国理政（第一卷）》，外文出版社，2018年，第367页。

的群众路线创立发展做出了杰出贡献。他在晚年参加中华人民共和国成立五十周年庆典时说出了一句令人难忘的名言："江山就是人民，人民就是江山。"[1]父亲的人民情怀和群众观对习总书记有着深刻的影响。2001年10月15日，习近平总书记在父亲八十八岁生日时给父亲的信中写道："您像一头老黄牛，为中国人民默默地耕耘着。这也激励着我将自己的毕生精力投入到为人民服务的事业中，报效养育我的锦绣中华和父老乡亲。"[2]无论是在基层还是在中央，习总书记都把落实党的群众路线挂在心上，讲在口上，抓在手上。《中共中央关于加强党的政治建设的意见》明确指出："要坚持以人民为中心，立党为公，执政为民，践行全心全意为人民服务的根本宗旨，树立真挚的人民情怀，把人民放在心中最高位置，始终相信人民，紧紧依靠人民，把人民对美好生活的向往作为奋斗目标。"我们坚信，在以习近平同志为核心的党中央坚强领导下，中国特色社会主义事业必将赢得全国人民的坚决拥护和支持，也必将使全体人民有更多的获得感、幸福感、安全感。

（作者系庆阳市政协文化文史资料和学习委员会主任）

---

[1]《习仲勋传》编委会：《习仲勋传》（下），中央文献出版社，2013年，第658页。

[2]《习仲勋传》编委会：《习仲勋传》（下），中央文献出版社，2013年，第643页。

中共陕甘宁省委、陕甘宁政府旧址

中国共产党人的初心与南梁精神

杨林兴

南梁精神是特定历史时空条件下产生的宝贵精神，就其本质来说，南梁精神是中国共产党人践行初心和使命形成的重要红色基因，体现了中国共产党人的根本宗旨、理想信念、政治纪律、政治规矩、独特优势。在新时代新征程中，我们要不忘初心，牢记使命，就要弘扬南梁精神，让红色基因代代相传。

一、从历史时空的角度认识南梁精神产生的时代根源

南梁精神产生于 20 世纪 30 年代初的陕甘边和陕北革命根据地，这个特殊的历史时空，决定了陕甘边和陕北革命根据地是中国共产党人践行初心和使命的一个重要成果，在这两块根据地上产生的南梁精神，是中国共产党领导人民创造的革命文化的一个部分，是红色基因的重要内容。

中国共产党自成立之始，就以马克思主义为指导思想，以共产主义为奋斗目标，为中国人民谋幸福，为中华民族谋复兴，在全国各地播撒革命火种，进行不屈不挠的革命斗争。陕甘地

区的革命斗争正是中国共产党人初心的实践体现。1922年以后，受中共北京地方党组织派遣，王复生、魏野畴、王尚德、王德三、李子洲等人就先后到陕甘地区传播马克思主义、建立党团组织。大革命失败以后，刘志丹、谢子长、习仲勋等创建了陕甘边革命根据地，奠定了中国共产党在西北地区开展革命斗争的重要基石。陕甘边和陕北革命斗争史是中国共产党领导的革命斗争史的一个部分。

陕甘边和陕北革命根据地是中国共产党在土地革命时期按照工农武装割据思想创建的重要农村革命根据地。1927年"八七会议"以后，中国共产党领导了南昌起义和秋收起义，毛泽东带领红军首先创建了井冈山根据地，形成了"工农武装割据"思想，并开创了"农村包围城市、武装夺取政权"的中国特色革命道路。在井冈山根据地的鼓舞和示范下，全国先后建立了十余块较大的革命根据地，其中包括陕甘边革命根据地。在长期的革命探索中，刘志丹、谢子长、习仲勋等同志认识到，要像毛泽东同志那样，"以井冈山为依托，搞武装割据，建立革命根据地，逐步发展扩大游击区"。[1] "在荒僻的陕甘边境，红二十六军的生长

---

[1]习仲勋：《群众领袖　民族英雄——回忆刘志丹同志》，中共庆阳地委：《南梁曙光》，甘肃人民出版社，1983年，第10页。

甘肃省正宁县寺村塬革命委员会成立旧址

与新的苏区的创建，必然要如火燎原的广大的开展起北方苏维埃运动"。①从1930年开始，他们在陕甘边界地区先后建立了南梁游击队、红军陕甘游击队、中国工农红军第二十六军等革命武装，积极开展游击战争，创建革命根据地，"陕甘边区的革命斗争走上了农村包围城市的正确道路，形成了工农武装割据的新局面"。②

共同的奋斗目标、共产党人特有的精神品格，使南梁精神与中国共产党人的初心一脉相承。中国共产党在早期革命斗争中形成的优良传统和宝贵精神，对南梁精神产生了重要影响。陕甘边革命根据地创建起来以后，以刘志丹、谢子长、习仲勋等为代表的中国共产党人，坚持把马克思主义与陕甘苏区革命实践相结合，坚持中国共产党的根本宗旨，把群众路线贯穿于根据地的一切工作中，坚持一心为民、执政为民，始终维护人民群众的根本利益。坚持相信群众、依靠群众、关心群众，形成了党同

---

①中共中央书记处：《六大以来党内秘密文件（上）》，人民出版社，1981年，第261页。

②阳振乐：《中央红军长征的"出发地"与"落脚点"——述论中央革命根据地与陕甘革命根据地》，中共庆阳市委党史工作办公室：《纪念红军长征落脚陕甘革命根据地八十周年学术研讨会文集》，中共党史出版社，2017年。

人民群众的血肉联系,面向群众成为南梁精神最鲜明的特色。陕甘边和陕北革命根据地诞生于大革命失败后,经受了血与火的严峻考验。陕甘边和陕北革命根据地的斗争异常困难,但是,刘志丹、谢子长、习仲勋等领导人坚守中国共产党人的初心,始终坚定理想信念,英勇战斗,粉碎了国民党军多次"围剿"。坚守信念是南梁精神的重要基石。在陕甘边和陕北革命根据地创建中,坚决执行党的统一战线政策,坚决反对和克服"左"倾错误,从革命大局出发,团结了一大批同情和支持革命的人士,最大限度地壮大自己、孤立敌人。在经受"左"倾错误的打击时,刘志丹、习仲勋等同志被逮捕、关押,但是,他们始终从维护团结统一出发,保护了革命队伍的稳定。在中央红军长征到陕甘地区时,他们主动联系,迎接中共中央和中央红军到达陕甘边区,始终体现出了顾全大局的政治品格。陕甘边和陕北革命根据地是在远离党中央的西北地区创建的,刘志丹、谢子长、习仲勋等领导人反对脱离实际的教条主义,"按照客观条件制定政策,独立处理重大革命问题,对建立革命武装、创建根据地、开展游击战争、实行统一战线、加强党的建设等各个方面都有创造性的贡献,充分体现了中国共产党人实事求是的思想品格"。[1]生动地体现了求实开拓的良好作风。

---

[1] 欧阳坚:《南梁精神与群众领袖的人格魅力》,《学习时报》,2018年9月12日。

二、从"两点一存"的历史地位认识南梁精神的历史价值

南梁精神产生于陕甘边和陕北革命根据地,具有重要的历史价值。作为南梁精神产生的沃土,这两块根据地合并而成的陕甘边和陕北革命根据地的历史地位决定了南梁精神的历史价值。

对于陕甘革命根据地在中国革命历史中的地位,毛泽东曾感慨地说:"陕北是两点,一个是落脚点,一个是出发点。""我说,没有陕北,那就不得下地。"[1]习近平总书记也指出,陕甘革命根据地是党中央和中央红军长征的"落脚点",也是八路军抗日的"出发点";陕甘革命根据地是"硕果仅存"的革命根据地。"两点一存"较好地概括了陕甘革命根据地的历史地位。

从"落脚点"来说,南梁精神是中国革命精神和中国共产党革命文化的重要组成部分。在土地革命战争中,中国共产党领导各族人民开展了艰苦卓绝的革命斗争,先后创造井冈山精神、苏区精神、长征精神等。这些精神与南梁精神都是在同一时代背景

---

[1]《刘志丹纪念文集》编委会:《刘志丹纪念文集》,军事科学出版社,2003年,第562页。

下产生的，特别是陕甘革命根据地成为党中央和中央红军长征的落脚点，更使这些精神在陕甘革命根据地得到继承和发扬，使南梁精神与之一脉相承，成为中国革命精神和中国共产党革命文化的重要组成部分。

从"硕果仅存"来说，南梁精神是陕甘地区优秀传统文化的集中体现。南梁精神具有鲜明的地域特征，在寺村塬、渭北、照金、南梁、下寺湾的武装斗争中，都体现出了具有地方特征的优良传统作风，表现出了坚守信念、百折不挠的奋斗精神，勇于探索、锐意进取的创新精神，一往无前、不怕牺牲的献身精神，实事求是、不尚空谈的求实精神，忠诚于党、无私奉献的大局精神，面向群众、勤政为民的公仆精神。①正因为如此，陕甘革命根据地才成了"硕果仅存"的革命根据地。南梁精神的强大生命力，对陇东革命根据地的"庆阳老区精神"和陕甘边照金革命根据地的"照金精神"都产生了重要影响。

从"出发点"来说，南梁精神是延安精神的重要源泉。陕甘边革命根据地与陕北革命根据地连成陕甘革命根据地，发展为陕甘宁抗日根据地，建立了陕甘宁边区政府，成为八路军抗日的出发点。在全民族抗日战争和解放战争中，中国共产党在延安实现了马克思列宁主义同中国实践相结合的第一次历史性飞跃，诞生了毛泽东思想，奠定了中华人民共和国的基石。延安精神成为

---

① 杨元忠、李荣珍：《南梁精神的历史价值》，《甘肃日报》，2013年1月18日。

中国革命和建设的伟大精神动力。南梁精神传承的红色基因，成为延安精神的重要源泉。

归根结底，在中国共产党人肩负历史使命的奋斗中，陕甘革命根据地在重大历史关头，坚持党的集中统一领导，勇于担当使命，善于开拓创新，继承和发扬了中国共产党人的优良传统，汲取陕甘地区的历史文化传统，锻造了宝贵的南梁精神，为丰富和发展中华民族精神做出了积极贡献。

三、从牢记初心使命的要求出发，弘扬南梁精神

习近平总书记深刻指出："不忘初心，方得始终。中国共产党人的初心和使命，就是为中国人民谋幸福，为中华民族谋复兴。这个初心和使命是激励中国共产党人不断前进的根本动力。"南梁精神是中国共产党人初心和使命的具体体现，是中国共产党精神谱系的重要内容。中国特色社会主义进入新时代，弘扬南梁精神，有助于牢记初心使命，凝聚强大力量，谱写好新时代改革开放新篇章。

面向群众是中国共产党人全心全意为人民服务根本宗旨的体现。在新时代，弘扬南梁精神，就必须坚持以人民为中心的发展理念。始终把人民放在心中最高位置，坚持把人民立场作为根本政治立场。坚持发展为了人民，以不断改善民生为发展的根本

目的，把人民对美好生活的向往作为我们的奋斗目标，作为我们党执政为民的一面鲜亮的旗帜。始终坚持党的群众路线，密切与人民群众的血肉联系。坚持发展依靠群众，把加强党的领导与尊重人民主体地位和首创精神相结合，凝聚起新时代改革开放再出发的磅礴力量，团结带领人民实现中华民族伟大复兴的中国梦。

坚守信念是中国共产党人理想信念的体现。在新时代，弘扬南梁精神，就必须坚守马克思主义信仰、坚守共产主义远大理想和中国特色社会主义共同理想，始终把坚定理想信念作为党的思想建设的首要任务，始终坚持马克思主义，不断推进马克思主义中国化、时代化、大众化，高举习近平新时代中国特色社会主义思想伟大旗帜，自觉做共产主义远大理想和中国特色社会主义共同理想的坚定信仰者和忠实实践者。

顾全大局是中国共产党人严守政治纪律和政治规矩的体现。在新时代，要树牢"四个意识"，旗帜鲜明讲政治，坚定不移跟党走，对党忠诚、为党分忧、为党担责、为党尽责。坚定"四个自信"，保持政治定力，高举中国特色社会主义伟大旗帜，始终坚持和发展中国特色社会主义。坚决做到"两个维护"，自觉在思想上、政治上、行动上同以习近平同志为核心的党中央保持高度一致，坚决维护习近平总书记党中央的核心、全党的核心地位，坚决维护党中央权威和集中统一领导。

求实开拓是中国共产党人独特优势的体现，是中国共产党领导革命、建设和改革取得胜利的根本保证。在新时代，弘扬南

陕甘边区苏维埃政府印章

梁精神，就要弘扬求实开拓的优良作风，坚持辩证唯物主义和历史唯物主义的世界观和方法论，把握新时代的历史发展逻辑，统筹推进"五位一体"总体布局，协调推进"四个全面"战略布局，进行伟大斗争，建设伟大工程，推进伟大事业，实现伟大梦想，努力创造经得起实践、人民、历史检验的光辉业绩。

中国共产党人的初心，引领着中国人民实现了从站起来、富起来到强起来的历史性飞跃，培育了南梁精神等中国共产党人的精神谱系，丰富和发展了伟大的中华民族精神。不忘初心，牢记使命，我们必将在新时代实现中华民族伟大复兴的中国梦。

（作者系中共云南省委党史研究室副主任、研究员，历史学博士）

马克思主义与中华传统文化的融合
——论南梁精神的文化基础

刘治立 侯普慧

刘志丹、谢子长、习仲勋等老一辈革命家领导创建的以南梁为中心的陕甘革命根据地是在北方建立的为数不多的革命根据地之一，为中国革命做出了巨大的贡献。在根据地创建过程中，南梁地区一些先进的革命者自觉吸收传统文化的优秀成分，学习和发展马克思主义革命学说，通过多种途径将革命的思想火花和革命火种带到这里，使革命观念得到传播，革命行动风起云涌。

一、传统文化的浸润

传统文化植根于民族文化的土壤，是历史发展的综合成果，能够陶冶广大的社会成员，使其在思想、观念、心理与生活实践等方面自觉地符合一定的规范和要求。传统文化对人类发展的辐射作用，在一定意义上讲是永恒的。

任何一种精神都不是一朝一夕形成的，必定有其特定的文

化基础。陕甘边区虽然地处僻壤，却有着重教兴学的优良传统，文风、学风极盛。刘志丹等人在幼年时期都曾接受传统文化的熏陶。南梁精神深深植根于中华优秀的传统文化之中，是中国优秀人文精神和优秀文化在当代的积淀与发扬。

二、传统文化在南梁精神中的体现

南梁精神在许多方面是对中华传统文化的继承和发展。中国传统文化中的忧患意识、爱国主义情怀、"艰难困苦，玉汝于成""天行健，君子以自强不息""先天下之忧而忧，后天下之乐而乐"，对陕甘边区革命者产生了深刻的影响。

首先，是自强不息。《易经》中讲："天行健，君子以自强不息。"陕甘边区的革命历程就是一部自强不息的斗争史。面对一次又一次的挫折，面对大大小小七十多次起义的失败，革命者从不气馁，而是总结教训，终于探索出了一条符合本地实际的革命斗争方式。朱德指出，刘志丹领导的革命活动"虽然屡遭失败，但他百折不回、至死不变，垮了再来，再垮再来，这种精神和毅力是建军的基本条件"。[1]

---

[1]《本市各界举行大会公祭刘志丹同志 号召向布尔塞维克学习》，《解放日报》，1943年月4月24日。

其次，是伦理道德观念。中国传统文化是一份珍贵的遗产，它在历史中形成，是先辈留给后人的宝贵财富。陕甘边区革命者所从事的是一场翻天覆地的伟大的事业，但对于传统的品格，也并非全然割断。刘志丹同意在列宁小学教授中国传统文化内容，他说："老先生讲孝道是可以的，孝就是尊重老人，这是中国的优良传统。如果红军不孝顺，那就会失去民心。"[1]

公忠与仁恕是陕甘边区革命者的基本品格，不计较个人得失，不图名，不图利，公而忘私，公而忘家，是陕甘边区革命者高尚道德的具体体现。毛泽东称赞刘志丹忠心耿耿为党为国，周恩来称赞他对党忠贞不贰。刘志丹的"大德"深深感动和教育了陕甘边区革命者，林伯渠说："我更从他最亲密的战友口中，听到关于他的生平和品质，尤其是从季米特洛夫干部的四个标准说到他时，那活生生动人的事迹，教我认识到志丹同志的布尔什维克的品质，体验到革命同志间的战斗友谊，也骄傲着中国人民产生出这样优秀的子弟。"[2]张邦英说："我们要学习他坚强的革命意志，学习识大体、顾大局，时刻以革命利益为重的高尚思想

---

[1] 马文瑞：《群众领袖 革命楷模》，《刘志丹纪念文集》编委会：《刘志丹纪念文集》，军事科学出版社，2003年，第81页。

[2] 林伯渠：《永恒的记忆》，《解放日报》，1943年4月23日。

南梁根据地列宁小学旧址

品质，学习他为党和人民事业勇于献身的革命精神。"①

　　第三，是爱国情怀。陕甘边革命根据地倡导并践行爱国主义，始终贯穿着一条基本红线，这就是对祖国兴亡的忧患意识，对民族同胞的深厚感情，对优秀民族文化传统的崇敬和对祖国

---

　　①张邦英：《刘志丹同志永远活在人们心中》，中共甘肃省委：《纪念刘志丹》，中共党史出版社，2014年，第211页。

秀丽河山的无比热爱。刘志丹说，要先讲爱国爱民道理，他在《爱国歌》中写道："内惩国贼，外抗强权，救我中华万万年。"[1] 1934年5月，刘志丹在阎家洼子对小战士们说："我们陕、甘两省人民要在中国共产党领导下，拿起镰刀、斧头、棍棒、梭镖，夺取敌人的枪炮，组建红军，创建苏区，推翻反动统治，建立自己的政权，赶走帝国主义的侵略势力，消灭日本侵略军，收复一切失地，只有这样才叫革命。"[2]1936年2月，刘志丹东征前对妻子说："我爱父母和乡亲，我爱祖国的一山一水，一草一木；我愤恨卖国贼，我愤恨堕落的政府，我痛惜中国人民深受苦难。我因此才走上革命道路的。"[3]在陕甘边区苏维埃政府成立大会上，刘志丹大声号召人民武装起来，赶走日本侵略军，推翻蒋家王朝，台上台下"打倒日本帝国主义""消灭日本侵略军，收复失地"的口号声此起彼伏。[4]在爱国主义旗帜下，陕甘边革命者领导和建立了广泛的爱国统一战线，宣传爱国思想，将爱国思想记在心坎里，刻进骨子里，融入血液里，以实际行动落实爱国

---

[1]《刘志丹文集》编委会：《刘志丹文集》，人民出版社，2012年，第12页。

[2]《刘志丹文集》编委会：《刘志丹文集》，人民出版社，2012年，第67页。

[3]《刘志丹文集》编委会：《刘志丹文集》，人民出版社，2012年，第77页。

[4]王四海：《跟随老刘战斗》，《刘志丹纪念文集》编委会：《刘志丹纪念文集》，军事科学出版社，2003年，第207页。

主义。

第四，是崇和思想。中国文化上成功的经验，就是"和而不同"的包容性所产生的强大融合力。传统文化以"和"为至高追求，但这种"和"并非简单纯粹合二为一，而是多样性的统一、相济相成的状态。这样的文化背景，为南梁精神的产生和发展提供了肥沃的土壤。在革命队伍中，刘志丹处处讲团结和睦，"在他负主要领导责任的时候，党内是团结的、注重统一战线工作的，革命事业是有成绩的"。[1]团结是凝聚人心、成就事业的重要保证，团结奋斗迸发出的磅礴力量成为陕甘边区革命斗争的巨大动力。和而不同是解决政治分歧的思想基础，刘志丹等陕甘边区革命者坚持这种观念，以大局为重，在处理内部矛盾、搞好统一战线方面取得了显著的成就。

三、马克思主义学说的熏陶

一种精神必然是一种文化现象的折射。魏野畴从北京高等师范学校毕业后回到陕西，在咸林中学、榆林中学任教期间，运用唯物史观讲授中国近代历史，讲解马克思主义基本理论，介

---

[1] 习仲勋、马文瑞:《善做团结工作的模范》，《人民日报》，1998年10月18日。

绍并帮助学生阅读革命书刊，培养和影响了刘志丹、王子宜、曹力如等一批青年较早接受马克思主义，走上革命道路。李子洲从北京大学毕业后回陕，先后在渭北中学、榆林中学、绥德省立第四师范学校任教，他与一些进步教师在课堂上公开讲授《共产党宣言》《国家与革命》《马克思主义浅说》等著作，传播马克思主义真理，教育和影响了白明善、王兆卿、马文瑞、乔国桢、贾拓夫、张达志、安子文、霍维德、唐洪澄等一大批进步青年。

刘志丹在榆林中学读书时接触了魏野畴、李子洲等共产党员，阅读了《共产党宣言》《国家与革命》《共产主义 ABC》《马克思主义经济学说》以及《新青年》《向导》等宣传马克思主义思想的书刊，使他的思想开始倾向于马克思主义。据刘景范回忆，刘志丹在入党前就读过一些马克思主义的书籍，曾向他介绍过《马克思主义浅说》之类的书籍，讲述马克思、列宁的学说，讲社会主义是"各尽所能，各取所值"，共产主义是"各尽所能，各取所需"，共产主义是社会发展唯一正确道路，而要达到社会主义和共产主义，就要组织起来闹革命。①刘志丹短暂的一生戎马倥偬，不可能有很多的时间研读马列著作，但他的思想和实践与马克思主义相吻合，这是因为他善于联系实际运用马克思主义基本观点和方法解决实际问题。据一些老同志回忆，他经常深入

---

① 刘景范：《谈刘志丹的革命事迹》，中共甘肃省委：《纪念刘志丹》，中共党史出版社，2014 年，第 294—295 页。

到干部群众中，把自己当成他们中间普通的一员，总结吸取他们的正确思想和意见，形成自己的革命智慧。王子宜说，刘志丹虽然远离中央，但他能从实践中学习理论，体会马列主义精神，使马克思主义普遍真理与西北的革命实践相结合。习仲勋在富平县立诚学校读书时，接受了马克思主义的启蒙教育，"从此，他将自己的一生都贡献给了波澜壮阔的共产主义事业，开始了自己辉煌的革命生涯"。[1]

在陕甘边区，为强调马克思主义的号召力，往往以革命导师的名字命名机构。陕甘游击队时期，谢子长成立宣传队和"列宁室"，提高干部战士的政治素质。陕甘边区苏维埃政府在荔园堡转嘴子办起了陕甘边区第一所红色学校——列宁小学，根据地各乡、村也根据自身的具体情况陆续创办了列宁小学，宣传革命道理和先进文化。列宁小学给学生讲授马克思"是世界革命的领袖，他终生领导着我们穷人革命，还把穷人革命的办法指示出来"；列宁是苏联人，他成功领导了苏联穷人的革命事业，还指出了穷人革命的最好办法，所以他也是世界革命的领袖。[2]这些

---

[1] 曲涛：《习仲勋在陕甘宁边区》，中国文史出版社，2009年，第9页。

[2] 巩世锋：《陇东革命根据地》，中共党史出版社，2011年，第107页。

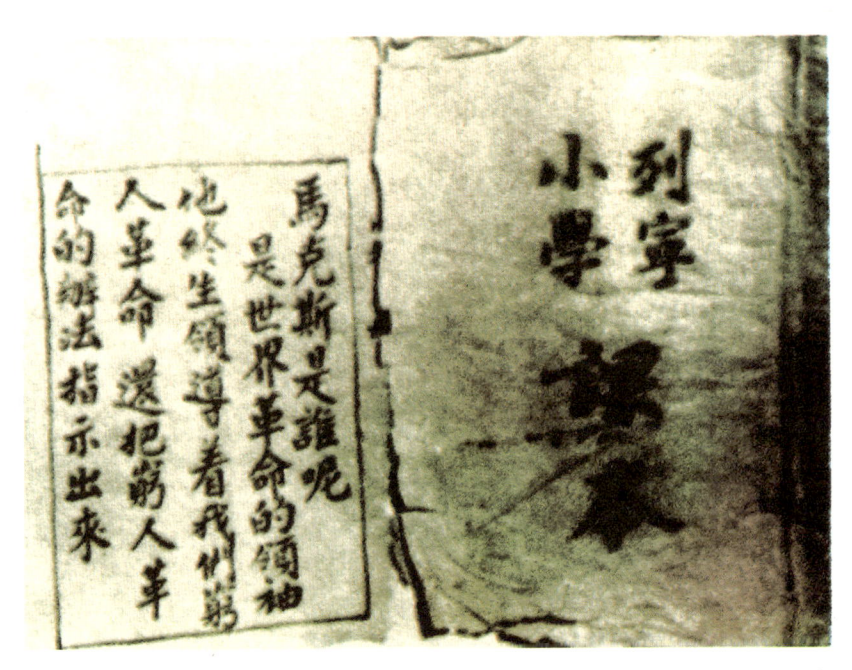

南梁根据地列宁小学课本

通俗的介绍，不但传授了知识，而且传播了革命思想。

范长江将刘志丹领导的陕甘边革命斗争与以往的绿林运动作比较分析，认为以前陕北陇东地区的绿林运动，总是"以个人荣达为目的，以义气为互相结合之'水门丁'，尚无大的政治系统为背景，无与社会打成一片之政治组织，无一贯的社会政策，更无所谓政治目标"。而刘志丹等领导的陕甘边区革命斗争则大不

相同，刘志丹"受过共产党组织的熏陶，所以他的活动，有目标，有方法，有组织，把个人主义的绿林运动，变为与社会合为一致的社会运动"。①1934年5月，刘志丹在阎家洼子对小战士们说："我们是共产主义者、国际主义者、爱国主义者，是无产阶级革命战士。我们战旗上写着'全世界无产阶级和被压迫民联合起来'，就是要把吃人的旧世界打个落花流水"。②

陕甘边革命者在群众中"深入宣传列宁、苏维埃等"，③使马克思主义在根据地得到较为广泛的传播，并且已经深入人心，成为革命者实践的理论指南。李富春认为，陕甘的工作方法是朴素的马克思主义、朴素的辩证法。④习仲勋说："'梢林主义'是创造根据地的马列主义。我们把苏区叫作'梢林'，这是从三原、渭北平原碰钉子碰出来的。在敌我力量对比上，我们处于劣势，处于敌人的四面包围之中。在平原上于敌人有利，于我

---

① 范长江：《中国的西北角》，新华出版社，1980年，第71-72页。

②《刘志丹文集》编委会：《刘志丹文集》，人民出版社，2012年，第67页。

③ 中共甘肃省委党史研究室：《我与陕甘宁边区：李培福回忆录》，中共党史出版社，2017年，第8页。

④ 王子宜：《学习刘志丹的高尚品德》，《革命英烈》，1981年第2期。

们则是有害。"①陕甘边革命者在摸索前行中犯过错误，走过弯路，关键的问题在于避免犯颠覆性的错误，善于改正错误，尽量少犯错误，努力克服"左"倾错误的干扰，自始至终坚持实事求是、勇于纠错的正确实践活动，存在着一种与错误路线相对立的从实际出发的革命精神。陕甘根据地就是在与错误倾向作斗争并深刻总结历史经验的过程中逐步形成和发展起来的，陕甘边区革命者加强自我改造，进行自我革命，靠自己解决自身的问题，实现浴火重生，使陕甘根据地成为土地革命战争后期全国硕果仅存的根据地，其秘诀就在于将马克思主义理论与陕甘边区具体实际相结合，具有鲜明的实践特色和区域特色。

陕甘边区革命者将中国优秀传统文化，与马克思主义的精华有机地结合起来，在宣传和实践中灵活应用，既继承了传统文化，又发展了马克思主义。1934年11月国民党方面的报纸上说："从我军得到的几份杂志中，看到刘子（志）丹的文章，他说：'马克思主义的目的，是要把国家搞强盛，把人民生活搞的富起来。当共产党员、当干部、当红军战士，是为了这个目的而来的，而且要准备为之献身。不是只为自己找出路，谋一官半职，作民众的老爷。国家强了，民众富了，自己当然就有出路了。革

---

① 习仲勋：《陕甘高原革命征程》，中共陕西省委党史研究室、中共甘肃省委党史研究室：《陕甘边革命根据地》，中共党史出版社，1997年，第262页。

命者就要先天下之忧而忧，后天下之乐而乐。'"①刘志丹等革命者，身居陕甘边区一隅，心忧天下，发动革命并非为一己之利，而是为了国家的强盛、人民的富裕安康，这是马克思主义者的宏伟目标，是刘志丹等陕甘边区共产党人献身革命事业的初心，是南梁精神的动力和源泉。

（刘治立系陇东学院南梁精神研究中心常务副主任、教授；侯普慧系陇东学院南梁精神研究中心讲师）

---

①祁玉江：《志丹书库·刘志丹卷》(下)，中国文史出版社，2010年，第1241页。

区域地理环境和优秀文化传统的统一

——南梁精神解读

李仲立

刘志丹、谢子长、习仲勋等老一辈无产阶级革命家，于20世纪30年代前期创建的以南梁为中心的陕甘边和陕北革命根据地，发展成为土地革命后期"硕果仅存"的革命根据地，在中国共产党历史和中国新民主主义革命史上有着独特的历史地位和社会价值，意义重大。南梁根据地是在血与火的考验以及和"左"倾错误反复斗争过程中成功创建的，刘志丹、谢子长、习仲勋等老一辈无产阶级革命家创建以南梁为中心的革命根据地的精神被称为南梁精神。

中国历史的发展留下了一条重要的经验：要成功一件大事，必须遵循"天时、地利、人和"。"天时、地利、人和"也包含着朴素的唯物辩证观点，这种传统的经验与马克思主义唯物辩证法有许多共同点。

陕甘边区处于黄土高原，战国以前的居住者被称为戎狄。戎人多居于陇上，狄人多居于陕北，戎人从事粗耕农业，兼营牧业，生活简朴，崇尚渔猎，居于洞穴，其性忠厚淳朴。戎人由余曾说戎王治国"上含淳德以遇其下，下怀忠信以事其上。

一国之政犹一身之治，不知所以治，此真圣人之治也"。戎人很注重用道德治理国家，讲忠信诚实的品德，不尔虞我诈。

秦始皇时筑长城、修直道都曾经过北地、上郡至内蒙古。在西汉初期，上郡、北地两郡经常受到匈奴残害，汉文帝时召集北地、上郡等六郡才力之士操练武艺，以抗击匈奴，上郡、北地人民在抗击匈奴的战斗中做出了巨大的贡献。北宋时期，范仲淹、种世衡曾亲自组织领导陕甘人民抗击西夏统治者的侵扰，团结区内少数民族首领同汉人共同打败元昊的进攻。范仲淹先天下之忧而忧，后天下之乐而乐的精神更是铭刻在陕甘人民心中。明朝末年，陕西米脂人李自成起义，每次在外地遭受挫折，都回到陇东休整，15年中，他回到庆阳、环县、正宁、宁县达12次之多，主要就是依托子午岭山区养精蓄锐、壮大力量，这也是留给后人的宝贵经验。

刘志丹、谢子长、习仲勋等运用唯物辩证法观察分析客观事物，重视依靠陕甘边区地域环境进行革命斗争，充分继承和发扬陕甘地区的优秀传统文化和革命传统。以南梁为中心的陕甘革命根据地的建立是势不可挡的，南梁精神的形成是历史的必然。

刘志丹、谢子长、习仲勋三位领导从事革命活动的经历基本相似，他们自幼都生长于耕读之家，参加革命并不是为了给家人或家族报仇雪恨，而是从国家利益出发，从解救广大被压迫被剥削的农民出发。这就决定了他们在革命活动中能够经受考验；他们都在家庭和学校接受过良好的教育，父母勤劳节省的生活习惯，刚正不阿、主持正义、宽厚待人、好打抱不平的品德深深刻印在他们心中，成为他们品行修养的样板。学校教育在他们幼小的心灵中植下了马克思主义的根。他们从清涧起义、渭华起义、旬邑暴动到开展兵运工作，深刻认识到不与农民运动结合的起义，单纯的兵运都会失败。刘志丹总结兵运失败的经验教训时说："几年来，陕甘地区先后举行过大大小小七十多次兵变，都失败了，最根本的原因就是军事运动没有同农民运动结合起来，没有建立革命根据地。如果我们像毛泽东同志那样以井冈山为依托，搞武装割据，建立根据地，逐步发展扩大游击区……现在最根本的一条是要有根据地。"[①]这也是刘志丹同志在实际革命活动中的真切体会。

有人说，在1931年刘志丹率部与晋西游击队、商贩队合编的陕北游击支队会师时就提到在南梁建立革命根据地的问题。真是这样吗？在南梁会师后，中共陕西省委派谢子长到南梁与刘志丹共同领导和主持部队的整编。在南梁开会研究的问题，一个是总结阎红彦率领的晋西游击队来陕北以后的工作，另一

---

①习仲勋：《群众领袖　民族英雄——回忆刘志丹同志》，《人民日报》，1979年10月16日。

个是成立领导机构编组队伍。会议上没有讨论革命根据地建立问题。1932年1月，队伍改编为"西北反帝同盟军"，1932年2月改编为"中国工农红军陕甘游击队"。根据陕西省委指示，按照以渭北为重点的预定方针，南下陕西境内，开展游击战争，执行创建革命根据地的任务。1932年6月，在梁掌堡会议上，他们就认识到，在地理条件上，桥山南梁有利于游击战争的开展。

1932年9月，敌人分三路对照金游击区进行"围剿"，刘志丹、谢子长率主力部队撤离照金，将习仲勋留在照金地区，希望他"一定要做好根据地的开辟工作"。谢子长也叮嘱他："我们没有枪支弹药留给你，你要在发动群众的基础上，成立农民协会，组织游击队，开展游击战争"。[1]为了便于习仲勋开展工作，刘志丹将陕甘游击队第二大队特务队交由他领导，还把第二大队的参谋第五伯昌留下随特务队行动。这表明刘志丹对照金根据地开辟是很重视的。

红二十六军成立后，于1933年3月在照金建立了陕甘边区

---

[1]《习仲勋传》编委会：《习仲勋传》（上），中央文献出版社，2008年，第99页。

游击队，李妙斋任总指挥，习仲勋任政委。4月5日，在照金成立了陕甘边区革命委员会，周冬至任主席，习仲勋为副主席兼党团书记，开展了打土豪、分田地、分粮食、分牛羊等运动。敌人对此恨之入骨，在敌人的"围剿"下，4月下旬，红二十六军转入外线作战，在陇东、宁县、盘克一带打游击，部队发展到500多人。6月17日，红二十六军从外线返回照金。杜衡独断专行，做出了红二十六军南下渭华的决定。刘志丹等在渭华坚持战斗两个多月，在弹尽粮绝的情况下，分散化装突围。在艰难困苦中，习仲勋充满信心，在淳化、旬邑、耀县一带和薛家寨周围发动群众，坚持战斗，保护红色区域。1933年8月14日，在陕甘边区特委军委书记习仲勋等主持下，在耀县陈家坡召开了党政军联席会议，统一思想认识，决定成立陕甘边红军临时指挥部，由王泰吉任指挥，高岗任政委。10月4日，刘志丹、王世泰从终南山脱险后回到照金根据地与习仲勋重逢。

1933年10月，杨虎城任命杨子恒为总指挥，调集四个团的兵力，还纠结几个县的民团，发动了对照金根据地的"围剿"，刘志丹、习仲勋制订了反"围剿"方案，刘志丹率领红四团、西北民众抗日义勇大队、耀县三支队、陕北一支队主动出击外线，北上陇东。习仲勋领导一支队、五支队、七支队、九支队、十一支队等地方武装共200余人在根据地内坚持战斗。10月15日，薛家寨陷落，习仲勋仍坚持斗争，白天躲在梢林里，晚上出来开展群众工作。10月下旬，习仲勋和陕甘边特委、革命委员会和游击队的同志们一道北上陇东，与刘志丹率

南梁列宁小学新貌

领的主力红军会合，习仲勋总结了照金根据地失败的原因和经验教训，领会了根据地的重要性和它对中国革命的重大意义。

刘志丹率部在外线作战中，10月18日，首次奔袭合水县城，接着在宁县、庆阳又取得胜利，当他得知照金革命根据地失守后又与习仲勋、张秀山等会合，在取得了庆阳县毛家沟的重大胜利基础上，建议召开红军临时总指挥部扩大会议。1933年11月3日至5日，中共陕甘边特委、陕甘边革命委员会、红军临时总指挥部在合水县包家寨召开联席会议。会议有三项重要内容：

（一）在总结照金革命根据地失败原因及汲取教训的基础上，刘志丹提出了建立以南梁为中心的革命根据地的计划，这是刘志丹、习仲勋等领导人深入学习领会毛泽东创立井冈山革命根据地的精神的产物。桥山山脉的北段人烟稀少，南端距敌人统治中心近，南梁位于中段，山川接连，梢林密布，敌人统治力量薄弱，被人称为"三不管"地带，地理环境条件有利于游击战争的开展，回旋余地大，不利于敌人大部队作战。刘志丹跑遍了桥山山脉，战斗不利或伤亡比较严重时，他都率部返回陇东庆阳、正宁、宁县、合水一带休整，开展游击战，消灭当地一些民团或反动军队，使革命部队有所壮大。刘志丹正是吸取了历史和现实经验而确定以南梁为中心建立根据地的。

（二）扩大革命武装。原红二十六军只有红二团一个团的建制，南下渭河平原后，照金根据地又建了一个红四团，还是一个团，人数也不多。会议决定撤销陕甘边红军临时指挥部，恢

复红二十六军，建立红四十二师，将西北民众抗日义勇大队和耀县三支队合编为红三团，将红四团改编为骑兵团，以便展开步骑协同作战。

（三）建立三路游击区：陕北第一路游击区，以安定为中心，向南发展；陇东为第二路游击区，以南梁为中心，向庆阳、合水发展；关中为第三路游击区，以照金为中心，向北发展。三路游击区又共同以南梁为中心，其目的是要扩大和巩固以南梁为中心的革命根据地，要使三路游击区连成一片。

包家寨联席会议做出的三项决定使陕甘边革命根据地的建立问题迈出了新的步伐，标志着刘志丹、习仲勋等同志在"实践、认识、再实践、再认识"的基础上，结合陕甘革命实践找到了建立陕甘革命根据地的正确道路。在包家寨会议精神的指引下，1933年11月8日，刘志丹、习仲勋等同志主持了在合水莲花寺召开的陕甘边红军大会，正式恢复红二十六军，成立了红四十二师。队长强世卿、政委魏武率领陕北一支队回陕北开展第一路游击区活动，逐步达到与南梁根据地连成一片。红四十二师成立后，横扫南梁附近的民团武装、反动武装，拔除了敌人的一些据点，为建立南梁根据地扫除了障碍。到1934年，"以南梁为中心的陕甘边红色区域扩大到保安、安塞、甘泉、富县、庆阳、合水、宁县、正宁、旬邑、淳化、耀县、铜川、宜君、黄陵等14个县的部分地区"。①2月25日，成立陕甘边革命委员会临时政权，习仲勋为主席，白天章、贾生秀为副主席，下设土地、财政、粮食、肃反、文化等委员会及一些群众组织。

根据1934年7月陕甘边特委会议"务必于十月革命纪念日成立正式苏维埃政权"的精神，1934年11月1日至6日，在南梁荔园堡召开了陕甘边工农兵第一次代表大会，大会通过了刘志丹起草的《政治决议案》《军事决议案》和蔡子伟等其他同志起草的《土地决议案》《财政决议案》《粮食决议案》等，以无记名投票的方式选举习仲勋为陕甘边区苏维埃政府主席，牛永清、贾生秀为副主席，政府下设劳动、土地、财政等11个委员会和赤卫军总指挥部（总指挥朱志清），刘志丹当选为陕甘边区军事委员会主席。11月7日宣布陕甘边区苏维埃政府正式成立，标志着陕甘边区由不稳定的游击区转变为稳定的革命根据地。这也正是刘志丹、谢子长、习仲勋等老一辈无产阶级革命家在创建陕甘边革命根据地过程中形成的将区域地理环境和优秀文化传统相统一的南梁精神的结晶，通俗地说，南梁精神就是陕甘边区人民突出的品格，就是历史上讲的北地、上郡人的

---

①王世泰：《回忆红二十六军四十二师》，刘凤阁、任愚公：《红二十六军与陕甘边苏区》，兰州大学出版社，1995年，第721页。

品质，不弄虚作假，不花言巧语，不在于说得多好，在于实干，在实干中不论遇到什么困难，都不怕挫折不怕牺牲生命，只要是认准了的事，就要坚持干到底获得成功，也就是对事业的专注精神，这也被称为钉子精神，就是信念坚定、勇于实践、勤于思考、百折不挠、夺取胜利。

（作者系原庆阳高等师范专科学校党委委员、副校长、教授）

南梁精神与陕甘边革命根据地廉政文化

杨树霖

以南梁为中心的陕甘革命根据地是刘志丹、谢子长、习仲勋为代表的老一辈共产党人，带领陕甘边区广大军民浴血奋战创建并巩固发展起来的，成为土地革命战争后期全国"硕果仅存"的一块红色区域，为中国革命胜利做出了巨大的历史贡献，并孕育形成了伟大的南梁精神，作为苏区精神地域化的重要组成部分，承载着中国共产党人的初心和使命。在以南梁为中心的陕甘边革命根据地创建和发展过程中，刘志丹、习仲勋等积极开展廉政文化建设，保持了革命战争时期党的先进性和纯洁性，有效防止了党和红军干部队伍中某些腐败现象的发生，保持了陕甘边区苏维埃政府的清正廉洁，促进了苏区干部作风的转变。

陕甘边革命根据地的廉政文化突出反映了共产党人坚定的理想信念、全心全意为人民服务的宗旨、忍辱负重的大局意识以及求实开拓的革命精神。因此，有必要研究和探讨南梁精神与陕甘边革命根据地廉政文化之间的内在联系。

一、陕甘边革命根据地廉政文化在南梁精神内涵上的表现

陕甘边革命根据地廉政文化与南梁精神之间是互为一体、密不可分的，陕甘边革命根据地廉政文化通过南梁精神的内涵表现出来。

其一，以坚守信念为思想基础的廉政文化

廉政文化建设，坚定的理想信念是基础。刘志丹、谢子长、习仲勋等在创建以南梁为中心的陕甘边革命根据地过程中，始终坚定理想信念，坚守革命初心，构成了南梁精神的重要内涵。刘志丹作为根据地的主要创建人之一，在对敌斗争中先后两次被捕，在党内斗争中多次被错误地降职、批评、处分，他都能坚持真理，从无怨言，更不计较职位高低。特别是在"左"倾路线执行者对陕甘根据地的错误肃反中，他身陷囹圄，却仍然对身边的同志说："要相信党中央、毛主席会解决好的。"习仲勋同样经历了非同寻常、难以承受的考验，但他忍辱负重，始终把党的利益放在第一位，这就从思想上保证了共产党员清正廉洁的政治本色，从行动上强化了革命事业必胜的坚定初心。

其二，为人民服务为根本宗旨的廉政文化

毛泽东指出："真正的铜墙铁壁是什么？是群众，是千百万真心实意地拥护革命的群众。这是真正的铜墙铁壁，什么力量也打不破的，完全打不破的。"①在陕甘边革命根据地的创建和发展过程中，刘志丹、习仲勋等共产党人始终严守纪律，始终维护人民群众的切身利益，倾听群众呼声，关心群众疾苦，同群众生死相依，血肉相连，②得到了人民群众的真心拥护和爱戴。红军行军打仗，从不骚扰百姓，缴获敌人的物资，除武器外，粮食、衣物大部分分给穷苦群众。红军纪律严明，爱护百姓，老百姓把红军作为自己的子弟兵，争着为红军送信、带路、抬担架，不论红军到哪个村子，群众都是争着把红军带到自己家中住宿。南梁政府制定的各项政策措施，始终把人民利益放在第一位，选举群众代表担任政府职务、参与政权建设和社会管理，刘志丹、习仲勋等根据地领导人加强廉政建设，充分发挥广大人民群众的监督作用，自觉接受人民监督，把维护人民群众的切身利益作为廉政文化建设的头等大事。

其三，以作风建设为基本遵循的廉政文化

毛泽东曾盛赞中华民族历来有一种艰苦奋斗的作风。③正是

---

①毛泽东：《毛泽东选集》（第1卷），人民出版社，1991年，第139页。

②习仲勋：《群众领袖 民族英雄——回忆刘志丹同志》，《人民日报》，1979年10月16日。

③毛泽东：《毛泽东选集》（第1卷），人民出版社，1991年，第57页。

这种艰苦卓绝的环境锻造出来的钢铁队伍，造就了日后一支无坚不摧的力量。在陕甘边根据地创建初期，物资严重匮乏，党政机关和广大军民的生活极其困难的，许多当地干部从家里"自带干粮去办公"。在南梁，陕甘边区苏维埃政府制定了一系列规章制度来规范干部行为，维护群众利益，使边区政府成为当时深受边区军民拥护的最民主、最清廉的政府。陕甘边党政军领导人对自己要求很严格，生活中没有一点特殊，经常自己动手做饭、炒菜、喂马、抬伤员，留下了艰苦朴素、勤俭节约的宝贵精神财富，也正是因为陕甘边革命根据地这种优良作风和精神财富，才造就了"硕果仅存"的一块根据地，成为中国革命重要的起承转合点。

其四，以规矩约束为制度建设的廉政文化

没有规矩不成方圆，党的廉政工作，离不开健全的法制法规和制度约束，制度建设是保持党政机关廉洁奉公的重要保证，可以减少乃至消除滋生腐败的土壤。陕甘边区苏维埃政府刚成立，刘志丹即强调："群众最痛恨反动政权不廉洁、无官不贪。我们一开始就要注意这个问题，穷要有骨气，要讲贞操，受冻挨饿也不能取不义之财。"红二十六军还制定了《暂行条令十八条》，其中规定：临阵脱逃者判死刑，破坏武器者判死刑，强奸妇女者判死刑，缴获胜利品不交公者视其情节轻重判劳役或死刑。凡一切党、政、军干部，如有贪污公款十元以上者处以死刑，贪污五元以上者开除党籍，贪污五元以下者开除军籍。习仲勋组织制定的

《赤卫军暂行简明军纪》规定："侵犯劳苦群众利益者处死刑""强奸妇女有证据者处死刑""强奸未遂者罚苦役半年""无故打骂劳苦群众者斟酌情形轻重罚以1月以上3月以下之苦役。"[①]南梁政府坚持有法必依，执法必严。针对极个别违反党纪的贪腐分子，苏维埃政府坚决打击，绝不姑息。廉政制度建设有效地保障了陕甘边革命根据地时期廉洁高效政府的建设与反腐败斗争的成效，这既是南梁精神的特质之一，也是根据地廉政文化的重要内容。

二、南梁精神与陕甘边革命根据地廉政文化的内在关联

习近平总书记强调，要大力加强反腐倡廉教育和廉政文化建设，要积极借鉴我国历史上反腐倡廉的宝贵遗产，特别要借鉴我国历史上优秀廉政文化，不断提高党的领导水平和执政水平、提高拒腐防变和抵御风险能力，确保党始终成为中国特色社会主义事业的坚强领导核心。南梁精神与陕甘边根据地时期的廉政文化都是我党宝贵的精神财富和文化基因，两者存在着内在关联性。

首先，陕甘边革命根据地廉政文化囊括在南梁精神的特质之中

陕甘边革命根据地廉政文化是中国先进文化的重要内容，是

[①] 政协华池县委员会：《华池文史》，甘肃文化出版社，2009年，第216页。

廉政建设与文化建设相结合的产物，是拒腐防变的第一道防线，也是南梁精神特质的体现，对促进党员干部清正廉洁具有重要意义。以南梁为中心的陕甘边革命根据地孕育的南梁精神已成为中华民族精神的重要组成部分。陕甘边区苏维埃政府成立之初，就把防范贪污腐败、树立廉洁政风作为政权建设的头等大事，制定干部贪污公款十元以上者处以死刑的法令，有效预防和遏制了腐败问题，树立了党在群众中的崇高威望。刘志丹、习仲勋领导的陕甘边革命根据地党和苏维埃政府，以清正廉洁的形象屹立在西北大地上，赢得了最广大人民群众的衷心拥护和支持，拥有了取之不尽用之不竭的革命文化源泉，集中体现了陕甘边党和红军的革命精神和优良作风，承载着中国共产党人的初心和使命。

其次，南梁精神是陕甘边革命根据地时期优秀廉政文化的理论精髓和思想源泉

南梁精神是陕甘边根据地廉政文化的理论精髓和思想源泉，南梁精神蕴含着伟大崇高的理想信念，这种理想信念突出表现在越是困难时期，共产党人对革命的信仰越执着，革命的意志越坚定，初心不改，为了实现伟大的理想和奋斗目标，敢于拼搏，甘于奉献，勇于牺牲。南梁精神能够激发出坚强不屈的信念精神。既是陕甘边革命根据地廉政文化的理论精髓，又是"为民、务实、清廉"廉政文化理念的根本源泉，顺应了时代发展要求，反映了广大人民群众的意愿，是中国特色社会主义廉政文化建设的重要借鉴。

再次，南梁精神是陕甘边革命根据地廉政文化建设的精神宝库

中国共产党从建立到不断发展壮大，有内在的精神基因，不断地为其注入精神营养。南梁精神作为陕甘边革命根据地廉政文化建设的核心"正能量"，既是中国共产党局部执政的精神食粮，也是新时代廉政文化建设的重要精神指南。陕甘边根据地革命先辈之所以能在艰难困苦中坚持下来，靠的就是南梁精神所蕴含的坚定信仰和大局精神。我们必须倍加珍惜南梁精神这笔宝贵的精神财富，用南梁精神的巨大能量继续推进新时代廉政文化建设不断走向深入。

三、激活南梁精神内涵，服务新时代廉政文化建设的现实思考

南梁精神是陕甘边根据地廉政文化的理论精髓和思想源泉，通过激活南梁精神内涵，能够释放陕甘边根据地廉政文化的核心正能量，对于新时代中国特色社会主义廉政文化建设具有很强的借鉴意义。

一是激活南梁精神内涵，必须坚持"守初心"和"担使命"。既要继承和发扬党的光荣革命传统和优良作风，不忘初心，不忘革命宗旨，又要适应新时代廉政文化建设新的历史使命。新时代

廉政文化建设更需要激活南梁精神内涵，充分吸收南梁精神的营养和能量，充分发挥南梁精神在革命传统和廉政文化建设中的积极作用，激发新时代反腐败斗争的文化引领，为新时代中国特色社会主义廉政文化建设提供精神养料。

二是激活南梁精神内涵，必须加强党的作风建设和党员干部的自身能力建设，永葆党的先进性。在创建陕甘边革命根据地的伟大实践中，刘志丹、习仲勋等正是依靠严明的纪律和优良的作风，才使得陕甘边革命根据地军民粉碎了国民党反动派的数次军事"围剿"，孕育形成了光芒四射的南梁精神，与陕甘边革命根据地廉政文化一道，成为宝贵的精神财富和文化营养。

三是激活南梁精神内涵，必须将老一辈共产党人的优良作风同新时代廉政文化建设紧密结合起来，让党的宝贵精神财富彰显出新的时代价值，并且发扬光大。进入新时代，我们党所处的历史方位发生了重大变化，担负的历史任务和历史使命极其繁重，面临的历史考验更加严峻，我们必须激活南梁精神内涵，深度挖掘南梁精神蕴含的丰富廉政文化思想，以更好地指导和服务新时代廉政建设实践。

（作者系庆阳市范仲淹研究会副秘书长、陇东学院历史文化研究中心特约研究员）

陕甘边区干部政治教育的思想与实践研究

黄先禄

陕甘革命根据地，是以刘志丹、谢子长、习仲勋等为代表的共产党人，在中共中央的领导下，坚持从实际出发，创造性地运用和实践毛泽东工农武装割据思想的结晶。在这块革命根据地的创建、巩固和发展过程中，其成功的革命实践，不仅使其"成为西北人民解放斗争的旗帜"[1]"中国北方最早的苏维埃区域"[2]和土地革命战争后期"硕果仅存"的革命根据地，而且还使其成为党中央和各路红军长征的落脚点，成为八路军主力奔赴抗日前线的出发点。特别是在革命形势十分严峻、武装斗争十分激烈、生存条件十分艰难的情况下，这里的党组织和红军部队，都十分重视党的建设工作，并且从政治的高度开创性地开展党员干部的教育培训，成功地探究了党员干部政治教育

---

[1] 习仲勋：《习仲勋文集》，中央文献出版社，1995年，第166页。

[2] 占善钦：《革命根据地的一个重要模式——陕甘边根据地的特点研究》，《中国延安干部学院学报》，2009年第6期，第76页。

的生动实践，初步形成了党员干部政治教育的重要思想，为陕甘宁边区的形成奠定了坚实的政治基础。

一、陕甘边区干部政治教育的历史背景

1927年大革命失败后，整个革命形势逐渐转入低潮。尽管1928年党的六大以后，由于大会制定了正确的路线并且在各地得到了很好的贯彻，使得全国的革命形势出现复兴的局面。但是随着局势的好转，"左"的错误又开始在党内占据主导地位。其中，影响最深的是李立三的"左"倾冒险主义和王明的"左"倾教条主义。1930年7月，陕西省委在蓝田县召开第五次扩大会议，会上发出了李立三"左"倾路线的信号：全国革命的高潮已经到来，陕西革命条件比全国其他区域更加成熟，陕西共产党人的当前任务是努力加强主观力量，准备全省总暴动的胜利，逐步建立覆盖全省的苏维埃政权。这次会议，改组了陕西省委，杜衡当上了省委书记。会后，发出了《陕西省通告第一号》，向陕西党的各级组织传达了会议精神。同年9月14日，省委根据中央政治局通过的《新的革命高潮与一省数省的首先胜利》的"左"倾决议及中央的有关指示，向中央报送了《陕西省委政治决议案》。这个决议案认为陕西新的革命高潮的客观条件是完全成熟了，还特别强调应该夺取中心城市，反对农村包围城市，完全接

受了李立三的"左"倾路线。1931年1月，在党的六届四中全会上，以王明为代表的"左"倾教条主义占了上风，提出了比李立三更"左"的错误观点。此后不久，在接触到六届四中全会决议案并经过一段时间的反复后，陕西省委最终完全接受了王明的"左"倾路线，致使陕西革命斗争屡遭失败，省委自身也被敌人摧垮。陕甘边革命根据地和陕北革命根据面临"左"的或右的错误的影响，迫切需要加强干部政治教育培训，以加强党的正确领导。

二、陕甘边区干部政治教育的思想与实践

在创建、巩固和发展陕甘边和陕北革命根据地时，党的建设面临思想混乱、组织萎缩、领导薄弱等问题，而这些问题，不是政治问题，就是涉及政治问题的问题。如果得不到很好的解决，将会影响到党的性质。因此，以刘志丹、谢子长、习仲勋等为代表的共产党人，初步进行了革命根据地干部政治教育的实践，并收到了实效。

（一）陕甘边和陕北革命根据地干部政治教育的思想

陕甘边和陕北革命根据地党员干部的政治教育，是集中围绕着党在土地革命战争时期的政治路线和政治纪律教育来展开的。1929年2月，中共中央发出《中央通告第三十七号》，指出："加强党员的政治教育，必要用尽一切方法来提高党内政

南梁民歌

陕甘高原山连山，
穷人跟定刘志丹。
男当红军女宣传，
娃娃组织儿童团。
山连山来水连水，
老刘穷人心相连。
斗倒地主分田产，
陕甘高原红了天。

治水平。"①1931年11月，中央苏区第一次党代表大会通过的《政治决议案》就指出："为完成苏维埃运动和巩固党的组织，首先要改善党的成分，严密党的组织，提高党内政治教育，提高理论政治水平"。②为此，根据决议精神和中华苏维埃第一次全国代表大会通过的《中华苏维埃共和国宪法大纲》中有关教育的规定，1932年1月20日，陕西省委给刘志丹等领导的游击队下发了指示信，要求加强部队政治教育工作，成立干部训练队，讨论游击战争中的问题，使这些干部能坚定认识，成为游击战争中的骨干。以刘志丹、谢子长、习仲勋等为代表的陕甘共产党人，始终把培养军事干部和政治干部作为一项重要任务来抓，以满足革命根据地巩固和发展的需要。1934年7月，陕甘边特委在发布的文件中指出：巩固和发展陕甘边红军部队除了加强党的领导外，"最主要的是加紧教育训练，今后各连队的政治人员，一方面按照政治课程去教育，另外必须组织列宁室、识字班、政治研究会等以提高战士的政治水平"。③

---

①中共中央文献研究室：《建党以来重要文献选编》第6册，中央文献出版社，2011年，第219页。

②中共中央文献研究室：《建党以来重要文献选编》第8册，中央文献出版社，2011年，第623—624页。

③刘凤阁、任愚公：《红二十六军与陕甘边苏区》，兰州大学出版社，1995年，第269页。

（二）陕甘边革命根据地干部政治教育的实践

陕甘边革命根据地干部的政治教育大致经历了以下创建和发展阶段：

一是以寺村塬为中心创建陕甘边革命根据地时期。在这一时期，其干部政治教育是在残酷的战争环境下发展起来的，虽然教育内容极其单一，但是干部政治教育目的非常明确，即为组建革命政权和战斗服务，一切旨在宣传动员革命。1931年10月，刘志丹就在部队中建立了训练队，为部队培训军事干部和骨干。1932年2月，西北反帝同盟军改编为中国工农红军陕甘游击队后，刘志丹就将训练队改为陕甘工农红军游击队军政训练队，分两个班次，高级班训练排长以上干部，普通班训练班长与优秀战士。[①]课程有"游击队怎样活动"等，同时学习刘志丹和习仲勋为红军起草的《简明军纪》《群众纪律》两个小册子，还讨论部队改编等问题。训练队持续到1932年夏结束。在此期间，谢子长还借鉴黄埔军校及清涧起义前安定农讲所经验，在深山开办"山窑子学校"。

二是以照金为中心扩大陕甘边革命根据地时期。在这一时

[①] 蔡子伟：《南梁根据地革命斗争片断回忆》，《陕西文史资料》，第9辑，陕西人民出版社，1981年，第49—50页。

期，干部政治教育开始从起步迈向初创阶段。1932年4月，党中央通过了关于陕甘游击队的工作及创造陕甘边新苏区的决议，提出即刻开办红军的随营学校与干部学校来训练新的指挥员。根据这项决议，陕西省委决定"应该立即开始这一工作，第一期30人，成分2/3是工农，由各地和陕甘游击队派送，二十六军选择10人，限期1月。随营学校不仅训练新干部，而且要成为二十六军的中心力量。学生是武装的，前方战事需要，随营学校即全体参加作战，成为全军的模范"。[1]1932年12月，刘志丹等创办红军随营学校，着力培训军队干部。当时随营学校共有学员200多人，校长由吴岱峰担任。到1933年6月，随着照金根据地的失守，随营学校停办。[2]

三是以南梁为中心巩固陕甘边革命根据地时期。1934年2月，在南梁选举产生的陕甘边革命委员会明确了干部政治教育的归属机构，即文化委员会。这是前两个阶段所没有的，也是陕甘边干部教育成型的标志。陕甘边区政府成立后，红二十六军随营学校在南梁改名为"陕甘边区军政干部学校"，成为一所为根据地培养红军干部和地方党政干部的学校。刘志丹兼任校长，习仲勋兼任政委，吴岱峰、马文瑞等党政军领导同志兼任

---

[1] 中共陕西省委党史研究室、中共甘肃省委党史研究室：《陕甘边革命根据地》，中共党史出版社，1997年，第185页。

[2] 巩世锋：《陕甘边苏区红军干部学校始末》，《甘肃文史资料选辑》第12辑，甘肃人民出版社，1982年，第198页。

教员。学校主要训练军队连排长以上干部,前后办3期,累计培训学员200余人。[1]其中有10多名为苏区县级政府主席。其主要任务是"培养部队上的军政干部",开设的课程有政治、军事、文化等科目。其中,政治科目以党和苏维埃政府的政策策略为主。[2]

(三)陕甘边和陕北革命根据地干部政治教育的成效

自陕甘边革命根据地从1932年创建,到1934年巩固扩大,再到1935年和陕北根据地合并以来,干部政治教育的发展从无到有,从简单到成型,经历了一段艰辛的历程。陕甘边革命根据地的干部政治教育事业萌芽于对部队的教育和干部的培养之中。对部队和干部的政治教育不仅是根据地干部教育的重头戏,而且是根据地干部教育发展的独特之处。陕甘边区的党组织开办军政干部训练班、训练队、随营学校和军政干部学校开设以工农红军、共产党、土地革命等为主要内容的政治课,出版《布尔什维克生活》,编写歌谣,宣传了马克思主义理论,传达了中央和陕西省委关于中国革命的政策方针。各类干部学校的学员在结

---

[1]刘凤阁、任愚公:《红二十六军与陕甘边苏区》,兰州大学出版社,1995年,第427页。

[2]蔡子伟:《南梁根据地革命斗争片断回忆》,《陕西文史资料》,第九辑,第49—50页。

业之后，都回到部队、游击队或各级苏维埃政府工作，成为政治骨干，干部学校卓越的政治动员能力在根据地得到了充分体现。

三、陕甘边和陕北革命根据地干部政治教育的现实启示

以刘志丹、谢子长、习仲勋等为代表的陕甘共产党人在陕甘地区举办的干部教育，从一开始就具有强烈的政治倾向。诚如习近平总书记指出的，"历史是从昨天走到今天再走向明天，历史的联系是不可能割断的，人们总是在继承前人的基础上向前发展的"。[①]因此，陕甘边和陕北革命根据地干部政治教育的思想与实践及其效果，具有重要的历史价值和借鉴意义。

（一）必须强化党的政治领导

坚持党的领导，首先要坚持党的政治领导。中国共产党是政治的产物，是政治组织，是政治团体，"不是家族或职业团体"，[②]更不是可以随便进出的俱乐部。正如习近平总书记所强调的，"历史经验表明，我们党作为马克思主义政党，必须旗帜

[①] 习近平：《领导干部要读点历史——在中央党校 2011 年秋季学期开学典礼上的讲话》，《党建研究》，2011 年第 10 期，第 4 页。

[②] 中央文献出版社：《毛泽东传 (1893—1949)》，1996 年，第 672 页。

鲜明讲政治"。[1]在20世纪二三十年代，以刘志丹、谢子长、习仲勋等为代表的共产党人非常重视陕甘边区的党员干部教育工作，并从政治的高度，亲力亲为，使这一地区的干部政治教育工作做得有声有色，在陕甘边和陕北革命根据地创建、巩固和发展中发挥了重要作用。如谢子长亲自在深山开办"山窑子学校"，刘志丹、习仲勋亲自创办陕甘边区军政干部学校，并分别兼任学校校长和政委职务。同时，他们还从百忙中抽出时间到干部学校给学员作专题报告。此外，1934年7月，陕甘边特委还要求"各连队也尽可能地成立短期训练班，以培养干部，并在实际的工作中深刻提高领导方法，以锻炼干部"。[2]1935年以后，根据地各县相继开办了短期干部训练班，"学习内容有党团文件、上级指示、法令、政治常识、游击战争等"，[3]因而把住了陕甘边革命根据地干部教育的正确方向。这就启示我们，要使干部教育具有实效性，就必须强化党的政治领导，并以此来推动干部的政治教育。

---

[1] 习近平：《在省部级主要领导干部学习贯彻党的十八届六中全会精神专题研讨班上的讲话》，新华网，2017年2月14日。

[2] 中共陕西省委党史研究室、中共甘肃省委党史研究室：《陕甘边革命根据地》，中共党史出版社，1997年，第226页。

[3] 陕西省地方志编纂委员会：《陕西省志·教育志》，三秦出版社，2009年，第945页。

(二) 必须夯实党员干部的思想基础

习近平总书记指出:"坚定理想信念,看起来是个思想问题,实际上却是个重大的政治问题。"以刘志丹、谢子长、习仲勋为代表的陕甘共产党人有着坚强的信念,他们在面临无数次的艰难考验,特别是在与"左"倾路线的斗争中仍能坚持以大局为重,始终保持坚定的党性原则,尽可能地维护党和红军队伍的团结,并在各类干部学校的政治动员和政治训练中始终不断地教育党员干部克服非无产阶级的思想,践行党的初心使命,"使党员的思想和党内的生活都政治化、科学化",[①]从而有效地壮大了革命武装力量和革命根据地。当革命遭受挫折时,谢子长深沉地对党员干部说:"革命没有一帆风顺的,这次起义虽然失败了,只要我们认真总结经验,继续努力,相信革命总有一天会成功。"当纪律意识不强时,谢子长就以革命理想为切入点,反复强调:"我们是共产党领导的队伍,是为穷人打天下的穷人队伍,怎么能祸害老百姓呢?我们闹革命,就要讲纪律,不拿群众的一根针、一根线……要革命,就不能不要纪律。"[②]当总结革命教训时,刘志丹是"走到哪里,就把建立根据地的道理说到哪

---

①毛泽东:《毛泽东选集》(第1卷),人民出版社,1991年,第92页。

②中共陕西省委党史研究室、中共子长县委县政府:《谢子长纪念文集》,陕西人民出版社,2005年,第119页。

陕甘边军政干部学校旧址

里"。①这就启示我们，要使干部教育具有针对性，就必须夯实党员干部的思想基础，解决坚持理想信念这个政治问题，并以此来推动干部的教育政治。

（三）必须坚持马克思主义中国化

习仲勋指出："我国西北地区的马克思主义教育运动，从1922年至1923年中间就开始了。"②但是，到土地革命战争后期，"左"倾错误路线一度统治中共中央，并直接影响着陕西省委和陕甘地区的革命斗争。而在此期间，以刘志丹、谢子长、习仲勋为代表的陕甘共产党人在领导根据地创建、巩固与发展的过程中，始终坚持把马克思主义与陕甘地区的革命实际相结合，实事求是，因地制宜，不搞教条主义，创造性地开展了革命根据地的干部教育工作，并以此成功地推动了陕甘地区早期的马克思主义中国化。在他们看来，"任何革命理论、原则的实行，都必须同当时当地的实际情况相结合"。③为更加有利、有力地宣传马克思主义，培养马克思主义的红色战士。他们在陕甘地区创办"红色学校"，让马克思主义扎根于"红色西北"的各革命根

---

①习仲勋：《群众领袖 民族英雄——回忆刘志丹同志》，《人民日报》，1979年10月16日。

②习仲勋：《西北人民解放斗争的旗帜》（代序），中共陕西省委党史研究室：《西北革命根据地史》，陕西人民出版社，2015年，第1页。

③习仲勋：《习仲勋文选》，中央文献出版社，2013年，第291页。

据地。①当革命处于极端困难之时，他们就在极其简陋的条件下创办游击队干部训练队、红军随营学校、红军干部学校等。这些学校，虽然住房全部是土窑洞，门窗因陋就简，用木材和木棍做成，也没有什么正规教室和教材，②却锤炼了党性修养，从整体上提高了战士的马克思主义的理论水平和新民主主义革命的实践能力，推进了马克思主义的普及，形成了马克思主义中国化的成果——"梢林主义"。可以说，"梢林主义是创造根据地的马克思主义"，即陕甘根据地的马列主义。③这就启示我们：要使干部教育具有科学性，就必须坚持马克思主义中国化，坚持理论与实际相结合。

（作者系中国延安干部学院研究员、博士）

---

①李赤然：《陕北革命根据地的三次反"围剿"》，《革命回忆录》(5)，人民出版社，1982年，第90页。

②蔡子伟：《南梁根据地革命斗争片段回忆》，《陕西文史资料》(第9辑)，陕西人民出版社，1981年，第50页。

③中共陕西省委党史研究室、中共甘肃省委党史研究室：《陕甘边革命根据地》，中央党史出版社，1997年，第262页。

南梁精神在当代高校思想政治教育中的价值

阎晓辉

当前，我国已进入全面建成小康社会决胜阶段，中华民族正处于走向伟大复兴的关键时期，各种矛盾叠加、风险隐患聚集，对当代大学生的价值观不可避免地产生诸多消极影响。高校作为思想政治工作的前沿阵地，必须高度重视大学生思想政治教育，不折不扣地贯彻落实立德树人的根本任务，引导大学生自觉践行社会主义价值观。南梁精神作为社会主义核心价值观的源头活水，是中国共产党人精神之魂的重要组成部分，是马克思主义中国化的重要成果。加强当代大学生的思想政治教育，必须大力弘扬南梁精神。

一、南梁精神是高校思想政治教育的重要资源

南梁精神与高校思想政治工作有着天然的内在统一性。南梁精神的丰富内涵高度契合新时期高校思想政治工作任务要求，是教育当代大学生的生动教材，是指导当代大学生健康成长的思想宝库。

（一）南梁精神与高校思想政治教育具有内在联系

以刘志丹、谢子长、习仲勋为代表的老一辈革命家，在创建以南梁为中心的陕甘边革命根据地的伟大实践中，用鲜血和生命铸就的以"面向群众、坚守信念、顾全大局、求实开拓"为主要内涵的南梁精神，与当代高校思想政治教育是高度统一的。南梁精神对高校思想政治教育具有导向作用，高校思想政治教育又具有全面贯彻南梁精神的要求。南梁精神有助于帮助当代大学生树立正确的世界观、人生观和价值观，提升其思想政治素质，促进

其全面发展。通过南梁精神引领大学生对中国梦和社会主义核心价值观的认同与构建，也是我们党永远保持先进性、实现长期执政、合法执政的根本要求。

（二）南梁精神是高校思想政治教育的重要内容

高校思想政治教育最主要的内容是开展爱国主义、集体主义、社会主义和中华民族精神教育。南梁精神中蕴涵的面向群众、人民至上的群众路线，坚守信念、百折不挠的政治信仰，顾全大局、团结协作的大局观念，求实开拓、锐意进取的思想作风等，为当代高校思想政治教育提供了丰富的内容和源泉。面向群众是当代大学生思想政治教育的根本目标。陕甘边共产党人来自人民，植根人民，献身人民，了解群众冷暖，体察群众疾苦，深得民心，在当时形成了"只见公仆不见官"的生动局面。党的群众路线是我们事业发展成功的根本保证，只有对当代大学生进行群众路线教育，我们党的执政地位才能巩固，党和国家的长治久安才能得到保证。坚守信念是当代大学生思想政治教育的核心内容。理想信念是共产党人经受住任何考验的精神支柱，是战胜一切困难险阻，从胜利走向新的胜利的力量源泉。陕甘边党、政府和红军铸就了"革命理想高于天"的共产主义信仰和为人民打江山、革命到底的必胜信念。当代大学生有了坚定正确的理想信念，党和人民的事业才有了合格放心的接班人。顾全大局是当代大学生思想政治教育的必然要求。陕甘边共产党人始终坚持革命大局观，从不考虑个人名利得失，时时处处维护党和红军的团结，锻造了"只知有党，不知有其身"的忠诚品格。只有做好顾全大局教育，当代大学生才能正确处理好局部与全局、个人与整体、当前与长远的利益关系。求实开拓是当代大学生必备的心理素质和精神状态。陕甘边共产党人面对困难挫折和复杂局面，始终坚持一切从实际出发，开创了独具特色的"十大政策"、"三色"建军方式、"狡兔三窟"式战略布局等成功道路，使根据地不断发展壮大。我们把塑造当代大学生求实开拓的精神作为工作重点来抓，极大地提升了思想政治教育的成效。

（三）南梁精神对高校思想政治教育具有促进作用

把南梁精神作为高校思想政治教育的主要内容，也是由南梁精神内涵特质所决定的。

首先，南梁精神具有生动直观、感染力强的特点。在南梁这块红色热土上，留下了毛泽东、周恩来、邓小平等老一辈无产阶级革命家战斗生活的足迹，留下了刘志丹、谢子长、习仲勋等革命先辈组织发动群众、开展武装斗争、开辟根据地的英雄身影。这些生动直观的教育素材对大学生有着很强的吸引力和感染力，容易被大学生所接受。

其次，南梁精神具有内容丰富、针对性强的特点。南梁精神是共产主义远大理想、中国革命实践与时代精神的有机统一。南梁革命根据地历史蕴含着丰富的革命精神和厚重的红色文化，记录和折射出革命先辈的崇高理想、坚定信念、爱国情感和高尚品质，都是南梁精神的体现。

再次，南梁精神具有开拓创新、与时俱进的特点。南梁精神是我们党在长期革命斗争中经验智慧、光荣传统和优良作风的结晶，是党的理想信念、根本宗旨、政治品格的集中反映，是老一辈革命家留给我们的思想宝库和精神财富，具有以史鉴今、与时俱进的时代价值。习近平新时代中国特色社会主义思想就是对南梁精神的继承和发展，是当代中国的马克思主义，是中国共产党治国理政的新理念、新思想、新战略。当代大学生要带头传承好南梁精神，学习贯彻好习近平新时代中国特色社会主义思想，让

南梁精神放射出新的时代光芒。

二、南梁精神在高校思想政治教育中具有特殊价值

随着中国特色社会主义发展进步，南梁精神在不断丰富和发展的过程中，也展现出与时代同步的理论品格。要守住未来的精神阵地，就必须用南梁精神塑造大学生的高尚品行，使大学生自觉把个人理想与民族复兴使命融合在一起。

（一）南梁精神在高校思想政治教育中具有政治引领功能

对当代大学生进行南梁精神教育，不仅有助于培养建设社会主义事业的高素质人才，更有利于完善马克思主义理论体系，推进中国特色社会主义事业的发展。南梁精神中包含的面向群众、一心为民的工作路线和求真务实、探索实践、开拓创新的思想作风，是高校思想政治教育工作必须研究的大课题。在高校思想政治教育工作中融入南梁精神教育，一方面加强了学校的思想文化建设，另一方面也促进了南梁精神研究的发展。南梁精神诞生的时代与现在的环境已有很大不同，高校在研究南梁精神时就要与时俱进，在总结历史经验的基础上，重点探析当代大学生思想政治教育所面临的课题和挑战，要针对大学生的思想动态和成长要求，运用有效的教育手段，让学生全面了解陕甘边时期的历史背景，从而更进一步加深对南梁精神的理解与认同。要在实践中创新南梁精神教育手段，让学生直观感受南梁精神的魅力，在潜移默化中提升自己的政治思想素养。

（二）南梁精神在高校思想政治教育中具有思想导向功能

南梁精神是陕甘边革命斗争经验智慧、光荣传统和优良作风的结晶。今天，我们要在高校思想政治教育中传承南梁精神，就要把南梁精神作为大学生成长追求的标杆。

首先，要用面向群众来引领学生。陕甘边时期，党、政府和红军始终心系群众，紧紧依靠群众，密切联系群众，与群众打成一片、融为一体，建立了患难与共、生死相依的血肉联系。现阶段，在加强大学生思想政治教育的过程中，就要把面向群众与时代要求结合起来，使大学生深刻认识到群众路线是我们党永远立于不败之地的根本保证，同时要引导大学生树立牢固的群众观。

其次，要用坚守信念来激励学生。陕甘边革命斗争史就是一部坚守革命理想信念的奋斗史。坚守信念是共产党人经受住任何考验的精神支柱，是我们党战胜一切困难险阻的制胜法宝。只有教育大学生树立起为中华民族复兴而读书的远大理想，才能提高他们抗击挫折和战胜困难的能力和信心。

再次，要用顾全大局来塑造学生。陕甘边共产党人始终坚持革命大局观，面对"左"倾错误执行者的无端指责、诬陷排挤甚至遭受牢狱之灾，始终保持高度的党性原则和组织纪律性，从不考虑个人名利得失，时时处处维护党和红军的团结。其中有着无数可歌可泣的英雄事迹和感人故事，我们要挖掘其时代价值，

用以感染塑造学生。

第四,要用求实开拓来鞭策学生。陕甘边根据地是实事求是的产物,也是开拓创新精神的结晶。改革创新始终是中华民族战胜一切困难险阻的无尽力量。当代大学生具备求实开拓的锐气,增强不畏困难、迎刃而上的勇气,我们的事业才有希望。

(三)南梁精神对高校思想政治教育具有道德示范功能

南梁精神中所蕴含的坚守信念、百折不挠的奋斗精神,是陕甘革命根据地"硕果仅存"的根本原因。刘志丹、谢子长、习仲勋等老一辈革命家为了建立革命武装,虽屡遭失败却从来都不曾动摇,最终建立了"两点一存"的陕甘革命根据地。南梁精神所蕴含的勇于探索、锐意进取的创新精神是陕甘共产党人战胜各种艰难险阻的动力所在;所蕴含的一往无前、不怕牺牲的献身精神是陕甘党组织和革命武装得以不断巩固发展的精神力量;所蕴含的实事求是、不尚空谈的求实精神是南梁革命根据地成功巩固的根本保障。陕甘革命根据地屡遭困难挫折,刘志丹、习仲勋等都从实际出发,自觉抵制和克服"左"右倾错误,保证了党对陕甘边区革命事业的正确领导,使根据地不断发展壮大。南梁精神所折射出的崇高理想、高尚情怀和中华民族传统美德,在思想道德建设中具有教化、引导、激励功能,为大学生思想教育提供了榜样和遵循。

三、南梁精神在高校思想政治教育中的实现路径

要让南梁精神被大学生所理解和认同，进而转化为他们自身的自觉追求和品格操行，实现南梁精神"进课堂、进教材、进头脑"，必须有一些切实有效的途径。

（一）充分利用课堂教育主阵地

把南梁精神融入高校思想政治教育中，首要的就是编写南梁精神教育读本。南梁革命根据地红色文化资源厚重，革命先辈们事迹感人，为我们编写以南梁精神为内容的红色教育教材提供了得天独厚的资源优势。编写红色文化教材，不仅是对爱国主义教育的"补漏"和对革命文化的继承，也使高校思想政治教育有了辅助教材和鲜活事例，更能使革命传统教育系列化、制度化。二要把南梁精神贯穿到理论课教学过程中。要让大学生更好更全面地接受南梁精神，就必须把南梁精神融入思想政治教育理论课中，确保学生全面、深入地掌握和继承南梁精神，提高学生学习兴趣，实现南梁精神传承目标。三要提高教师政治理论水平。在高校思想政治教育中大力弘扬南梁精神，关键在教师。要让任课教师对南梁精神有精准把握和透彻理解，对南梁精神的性质特征、基本内涵、形成发展等了然于胸。在教学过程中，还要不断丰富手段，注重启发性教育，引导学生发现问题、分析问题，进而解决问题，最终实现全员全程全方位育人。

（二）全力抓住实践教育重头戏

南梁精神来源于中国革命具体实践。要使南梁精神发挥指导实践的作用，从思想政治教育小课堂走向社会大课堂，就要坚持理论性和实践性相统一。一要开展社会实践活动。组织学生到南梁革命纪念馆等革命旧址实地参观学习，通过直观的人、物、景让学生切身体悟南梁精神的实质内涵，在其滋养下成长进步。二要发挥大学生社团作用。要依托学生社团搭建南梁精神学习平台，开展形式多样的实践活动，把南梁精神内化于心，外化于行，使南梁精神学习更接地气，更容易为学生所接受。三要丰富校园文化建设。让南梁精神发挥"润物细无声"的潜移默化作用，必须营造一个健康向上的校园文化氛围，形成以南梁精神为主流的思想教育正能量，树起具有引领作用的校园红色文化旗帜，通过报告会、演讲比赛、主题论坛等形式，利用红色纪念日、开学典礼和毕业典礼等时机，把南梁精神教育转化贯彻其中。把丰富多彩的校园文化活动与日常思想政治教育结合起来，使南梁精神人人皆知、深入人心。

（三）积极拓展课外教育新领域

在高校思想政治教育中融入南梁精神，还要通过校园网站、微博和微信公众号等平台对南梁精神进行多形式的宣传。一要充分利用网络平台。习近平总书记指出："做好高校思想政治工作，要因事而化、因时而进、因势而新。"随着科学技术的发展和网络的普及，新媒体对思想政治教育的渗透力、影响力越来越强。南梁精神的普及教育也要顺应形势，通过南梁精神教育网页和公众号，把具有时代特征的南梁精神教育元素很好地凸现出来，并加以正确引导，使新媒体成为大学生学习南梁精神的新阵地。二要注重家庭社会教育。开展南梁精神教育，不仅需要学校的努力，更需要家庭和社会的帮助，要把这三方面的力量汇聚起来，形成齐抓共管南梁精神教育的良好社会氛围。要加强家庭学校互动交流平台建设，为大学生接受南梁精神教育营造良好的环境。要充分利用《红旗漫卷西风》《梦回陕甘边》《习仲勋》等宣传南梁精神的文化影视作品，不断增强南梁精神宣传教育的吸引力、感染力和说服力，提高宣传的质量和效果。通过开展南梁精神红色教育周、教育月活动，增强大学生接受南梁精神教育的机会和频率。三要扩展理论研究范畴。南梁精神随着时代发展、社会进步，其内涵和外延都需要发展与创新，这样才能始终保持精神引领作用和时代价值。高校的理论研究者要结合大学生政治理论素养和思想道德建设现状，进行有针对性的研究和课题攻关，形成理论成果，为南梁精神不断注入新的活力因子。

大学生正处在人生的"拔节孕穗期"，最需要精心引导和栽培，所以用南梁精神加强思想政治教育显得尤为重要。高校要在立足我国经济社会发展实际的基础上用南梁精神铸魂育人，帮助大学生构建科学的价值理念体系，培养求实开拓的思维意识，坚定"四个自信"。南梁精神教育要以促进大学生的全面发展为

出发点和落脚点，帮助他们树立社会主义核心价值观，厚植爱党爱国情怀。高校在思想政治教育中要引导大学生进一步理解与践行南梁精神，从而做到心系民族命运、心系国家发展、心系人民福祉，把爱国情、强国志、报国行自觉融入实现中华民族伟大复兴的奋斗之中。

（作者系兰州文理学院党委书记）

论刘志丹的光辉人格和崇高精神

徐振伟

被毛泽东评价为"群众领袖、民族英雄"的刘志丹,是中国工农红军高级将领,忠诚的共产主义战士,杰出的无产阶级革命家、军事家,陕甘红军和陕甘边革命根据地的主要创建人之一。刘志丹在他短暂而充满传奇色彩的革命生涯中塑造了一个伟大的共产主义者的光辉人格,始终高扬着一个真正的共产党人的崇高精神。

一、革命真理和报国情怀共同熔铸了他坚如磐石、始终如一的革命理想

青少年时期的刘志丹,面对民族苦难,在陕甘地域民风熏染和进步思想的感召启蒙下,逐渐萌发了改造社会、复兴中华的愿望,终生没有动摇。刘志丹在榆林中学求学期间,得到共产党人魏野畴、李子洲的悉心教导,接受了马列主义的洗礼,革命真理点燃了青年刘志丹的报国热情,确立了他坚如磐石、始终如一的革命理想。他坚定地表示:"入党就是要为自己的信仰奋斗到底。

作为一个人来说，奋斗到底，就是奋斗到死。"①

刘志丹出生于陕西保安县（今志丹县）的一个读书人家，本可以过上安稳富足的生活，但他参加革命，过着钻丛林、住山洞、食不果腹、衣不蔽体、随时都有生命危险的革命生活。闹革命后，刘志丹家中房屋被烧、财产被抢、亲人被杀、祖坟被挖、家人无处避身，他甚至沿途讨饭。父亲很不理解，请刘志丹的舅舅劝他好好享享清福，不要再去受苦受罪了，而刘志丹却坚定地说："我一个人成了员外顶啥用！我要使全中国人民都过上好生活。"②"要使全中国人民都过上好日子"，这正是刘志丹始终把解放劳苦大众，实现人民当家做主作为革命理想的具体体现。这是传统文化中以天下为己任的家国情怀和革命者追求穷人翻身做主人的崇高理想的相互激荡，是一切爱国主义者和共产主义者的共同追求，是包括南梁精神在内的所有红色精神的共同特征与内在品质，是一个革命者的伟大人格与灵魂所系。

---

①中共陕西省委党史研究室：《刘志丹》，陕西人民出版社，1993年，第119页。

②刘景明：《刘志丹家里闹革命》，《革命英烈》，1981年第4期。

二、坚守信念和奋斗精神锻造了他坚忍不拔、愈挫愈勇的革命意志

刘志丹所走的是一条充满荆棘与坎坷的革命道路，为了革命胜利，他不畏艰险，敢于斗争，敢于胜利，直到英勇献身。"五卅"运动爆发后，刘志丹毅然投笔从戎，入黄埔军校学习军事，参加北伐战争，并冒着生命危险，利用各种关系与矛盾，在陕甘地区的军阀部队中策划了大大小小七十多次兵变，虽然均遭失败，但他从不气馁。正是坚信"艰难困苦，玉汝于成"，坚信正义的革命事业既前途光明又绝不会一帆风顺，才锲而不舍、不断奋斗，经历无数次失败和打击，始终意志坚定、初心不改，为革命事业流尽最后一滴血。

1928年5月，刘志丹等领导渭华起义失败后，又在陕甘地区坚持秘密革命斗争，巧妙地深入敌军内部，开展兵运工作，"变敌人的武装为革命的武装"，可谓愈挫愈勇。从三道川事件到太白起义，革命的武装终于得以建立；从固城改编到早胜事件，南梁游击队经历了劫难；从倒水湾改编到林锦庙会师，从三嘉塬上打红旗到兵败终南山，他历经艰难险阻，多次功败垂成。1931年"九一八"事变爆发后，刘志丹组建了西北反帝同盟军。次年2月，反帝同盟军改编为中国工农红军陕甘游击队，后相继开辟了以照金、南梁为中心的陕甘边根据地。

1932年7月，为了战胜困难，刘志丹等身先士卒，以自己

的革命乐观主义精神鼓舞着部队，用自己的言行影响着部队。他亲手为战士做饭，给战士打麻鞋，夜间替战士站岗放哨，为战士讲解革命道理，以自己官兵一致的模范行动，稳定了军心，鼓舞了士气，使红军渡过了难关。

1933年6月，在红二十六军南下失败的日日夜夜，刘志丹等耐心地进行革命理想和信念教育，使战士们坚持战斗。经过终南山一月余的辗转作战，刘志丹患病在身，体质虚弱，干部战士见了都非常难过。刘志丹却鼓励大家："月亮都有时圆有时缺呀！革命在一时一地的失败，算得了什么？失败了再来呀！咱们道理正，穷苦人都站在咱们这边！"还用他常说的一句口头禅安慰大家："天不能老是阴雨，总有个放晴的时候。"[1]在刘志丹的影响带动下，幸存的红军指战员挺起了胸膛，打起了精神，下定决心，返回陕甘边区，恢复红二十六军，扩大根据地。

1943年朱德同志代表党中央和八路军在延安公祭刘志丹大会上致辞："（刘志丹）自大革命起直到为党牺牲，均在各种不同的环境下，以不同方式组织革命军队，虽屡遭失败，但他百折不回，至死不变，垮了再来，再垮再来。这种精神和毅力，就是

---

[1]李振民，张守宪：《刘志丹传略》，《西北大学学报（哲学社会科学版）》，1980年第3期.

建军的基本条件。如果有人要问共产党员是什么样子！那么就请看看刘志丹同志。"①

三、热爱群众、忠于人民的赤子情怀是他面向群众和服务人民的自然体现

刘志丹之所以成为杰出的革命家、群众领袖、民族英雄，得到人民群众的广泛支持和热烈拥护，根本原因就在于他热爱群众、忠于人民，时时处处坚持党的群众路线和全心全意为人民服务的宗旨，把维护和实现人民群众的利益作为一切工作的出发点和落脚点，真正做到了为革命而生、为革命而死。

刘志丹是一位非常艰苦朴素、密切联系群众的领导人。他的着装与陕北群众一样：身上穿着没面的羊皮袄或粗布衣，头上扎着陕北"虎头包"式的白毛巾，长年奔走在一年四季只能身披老羊皮、连内衣都没有的穷苦百姓中间。他虽然担任着师长、军长、主席等重要领导职务，但群众战士见了他都亲切地称呼为"咱们的老刘""老伙夫"。刘志丹能在陕北屡挫屡起，就是因为有一批批穷苦民众始终跟他闹革命，并把争取生存、温饱和解放的希望寄托于他举起的红旗。

---

① 中共陕西省委党史研究室：《刘志丹》，陕西人民出版社，1993年，第119页。

1931年秋季,刘志丹来到南梁一带,走村串户,访贫问苦。当地的贫苦农民就像见到了久别的亲人一样对待他。在平定川,一位贫苦的农民老婆婆为了招待刘志丹,和儿媳妇瞒着他们连夜摸黑上山拔回了尚未成熟的荞麦,揉下颗粒,用锅炒干,用擀面杖碾烂,再用细箩箩过了,才为刘志丹做了他最爱吃的荞剁面。当刘志丹得知原委表示歉意时,那位朴实的老妈妈真诚地对刘志丹说:"只要闹红成了事,把心摘下来也舍得。"[①]这件事曾经在陕甘宁边区广为流传,成为佳话,也更加证实了刘志丹始终如一的赤子情怀和革命群众对他的无比热爱。

刘志丹无论在地方还是在部队,都非常重视时时处处维护和实现人民群众与战士的利益。部队没收地主豪绅的财物首先分给劳苦大众,然后才是部队。部队分配东西时,先分给战士,然后才是干部。有一次分到最后,只剩下了一条女人穿的花棉裤分给刘志丹,他就翻过来穿。他的一双布鞋白天穿在脚上,晚上枕在头下。群众慰问送来的猪肉、羊肉、白面等,都是先分给先锋连和义勇军,然后按数量多少分给各部队。他既没有勤务员,也没有警卫员,只配有一匹马、一个马夫兼炊事员,他的马经常是伤病员骑,他自己步行。他牺牲时遗物只有几份文件和几支半

[①]《刘志丹纪念文集》编委会:《刘志丹纪念文集》,军事科学出版社,2003年,第3页。

截香烟！这就不难理解刘志丹为什么在陕甘根据地有这么高的威信，他领导的革命队伍为什么具有那么强的吸引力。正如林伯渠同志所说，"志丹一生献身革命，对党、对自己所热爱的人民，是鞠躬尽瘁，死而后已。他所创造起来的边区，是和他的血肉分不开的"。①

刘志丹牺牲后，毛泽东曾说："一个人死了开追悼会，群众的反映怎样，这就是衡量的一个标准。""刘志丹同志牺牲后，陕北的老百姓伤心得很，这说明他是真正的群众领袖。"②

四、坚强党性和革命人格彼此成就了他相忍为党、顾全大局的崇高品格

刘志丹在为革命奋斗的短短十多年里，曾先后三次被捕，多次被错误地降职和无端批评，并错误地受到处分，但他都能坚持真理，相信"乌云总遮不住太阳"。他从没有怨言，更不计较职位高低，而是无论在什么岗位，都能兢兢业业为革命工作，体现了一名共产党人的坚强党性，也是其革命人格的具体表露。

在身陷逆境的情况下，刘志丹始终维护团结，顾全大局，对党毫不动摇，忠心耿耿。特别是错误肃反中，刘志丹宁愿自己被

---

① 《刘志丹文集》编委会：《刘志丹文集》，人民出版社，2012年，第32页。

② 《刘志丹纪念文集》编委会：《刘志丹纪念文集》，军事科学出版社，2003年，第3页。

捕也想方设法保护前线的同志。刘志丹在狱中戴着手铐和脚镣，却泰然处之，并向同狱的同志说："我们死也不能说假话，黑云总遮不住太阳。"保持了一个真正共产党员的党性原则和革命气节。刘志丹在党中央的关怀下重返革命队伍后，还多次强调并劝说其他一道蒙冤的革命战友："革命利益高于一切，要识大体顾大局。要绝对服从中央领导，听从中央调遣。"正如周恩来赞扬刘志丹时所讲的，"志丹同志对党忠贞不贰，最守纪律，是一个真正具有共产主义品质的共产党员"。党中央指出："刘志丹等同志所坚持的政治路线和立场是正确的。当陕北错误肃反问题未彻底弄清楚时，他一贯地把握了布尔什维克立场和态度，这是值得我党同志们学习和效法的。"[1]

五、实事求是、审时度势的态度是他开拓精神和实践经验的反映

刘志丹在领导创建陕甘红军和根据地过程中，坚持把革命的理论和实践相结合，创造性地指导工作。刘志丹很善于总结正反两个方面的经验教训，在革命斗争实践中，实事求是、审时度

---

[1] 习仲勋：《群众领袖　民族英雄——回忆刘志丹同志》，《人民日报》，1979年10月16日。

势，经过无数的失败与成功，找到建设陕甘地区军队和根据地的道路。

一是认识到要把革命斗争的重点放在农村，坚决贯彻工农武装割据的思想。1930秋天，他拉起一支200人的队伍上了永宁山，当地民谣传唱："刘志丹练兵石峁湾，要把世事颠倒颠。"在此基础上先后创建了陕甘游击队和以南梁为中心的陕甘边革命根据地，使革命的星星之火逐渐燃遍了陕甘高原。

二是认识到武装斗争是革命之本，坚持枪杆子里面出政权。在战略战术上，他吸取了多次革命起义失败的教训，从实际出发，实事求是地决定红军的作战任务，在保存自己的条件下，消灭敌人，发展自己，壮大自己。在敌强我弱、双方力量悬殊、根据地和红军游击队经常受到敌人"围剿"的情况下，不打硬仗，不死守一地，在运动中消灭敌人，不打大仗打小仗，积小胜为大胜，集中主力，广泛开展游击战争，使红军取得了主动，打开了局面。

三是认识到建立革命根据地的重要性，坚持在反革命力量薄弱的地方——"梢林"建立革命根据地。"梢林"，离敌人统治中心较远，其统治力量鞭长莫及，有利于革命力量的生长和存在，有利于根据地的开拓和发展。虽然"梢林"人口稀少，经济文化落后，环境极其艰苦，但是群众有强烈的土地革命愿望。在创建革命根据地的过程中，他们先进行群众工作，一村一村做调查，一家一户做工作，之后才组织武装，开辟苏区，建立政权。对于根据地建设，在确定中心区的基础上，以主力红军为骨干，建立多路游击区，扩大回旋余地，互相呼应配合，把革命力量的

积聚和扩大统一起来。

四是认识到建立革命统一战线的重要性，坚持团结一切可以团结的力量。对与国民党政权存在矛盾的地方武装，努力争取；凡同情、倾向革命的都热忱相待。一些哥老会头目，民团团总，保安团、红枪会人员，经过团结争取，都为革命做过许多好事。刘志丹提出，朋友要越多越好，敌人要越少越好，要灵活地运用各种办法，团结人，争取人，关键是团结民众，这样革命才有基础，才能站住脚。"凡与我军为敌对抗，我有力量消灭的，坚决消灭，暂时消灭不了的，待我力量壮大，再消灭之；凡向我军表示友好共处，或愿意保持中立者，则尽量继续争取他们，维持现存关系，以便我军集中力量，消灭最顽固最反动的民团武装。"[1]

刘志丹的一生，毛泽东是这样评价的："我到陕北只和刘志丹同志见过一面，就知道他是一个很好的共产党员。他的英勇牺牲，出于意外，但他忠心耿耿为党为国的精神永远留在党与人民中间，不会磨灭的。"[2]

（作者系中共庆阳市委党校副校长）

---

[1]《刘志丹文集》编委会：《刘志丹文集》，人民出版社，2012年，第32页。

[2]中共甘肃省委：《纪念刘志丹》，中共党史出版社，2014年版，第309页。

刚健沉毅 精神永恒
——林伯渠心目中的刘志丹及南梁精神

杨琦明　唐贤健

1943年4月23日，时任陕甘宁边区政府主席的林伯渠在延安《解放日报》发表了纪念刘志丹的署名文章：《永恒的记忆》。这篇文章不足1300字，但纸短情长，字里行间浸透了浓重的同志情、战友谊，既表达了对刘志丹的思念，也表达了对他的人民情怀、民族大义的推崇与敬仰，更是对以刘志丹、谢子长、习仲勋为代表的陕甘共产党人领导陕甘边人民在艰苦卓绝的斗争中形成的南梁精神的初步总结与褒扬推崇。

一、一面之缘，"红线相连"，见其斗争精神之彻底

林伯渠与刘志丹的第一次也是最后一次见面是在瓦窑堡。林伯渠是1935年11月2日随中共中央到达陕甘边区苏维埃政府所在地甘泉下寺湾的。在下寺湾，中共中央做出一系列重要决定，包括释放被以莫须有的罪名拘捕的刘志丹和一批陕甘苏区党政军主要领导干部，任命林伯渠担任中央政府财政部长、中华苏维埃银行西北分行行长等职。11月10日，林伯渠随洛甫、博

志丹县志丹陵园刘志丹雕塑

古率领的中共中央机关抵达瓦窑堡。而刘志丹是10月初离开部队回到瓦窑堡，随即被逮捕并关押在瓦窑堡的。1936年3月，刘志丹率红二十八军参加东征战役，4月14日在中阳县三交镇（现属柳林县）战斗中英勇牺牲。因此，林伯渠和刘志丹的"一面之缘"应该定格在1935年的11月至1936年3月的瓦窑堡。这次见面留给林伯渠的印象很深,以至于时隔七八年后他仍饱含深情地说:"我们在瓦窑堡会面时他留给我那种刚健沉毅的印象……直到今天仍然是深刻的。"虽然他们两人相差20岁,又生活、战斗在祖国不同的地方,"但一条红线始终把我们连接起来",因为他们都有共同的追求和抗争,都有彻底的斗争精神。

(一)共同探求国共合作的途径

林伯渠写道:"他在广州黄埔军校学习的时候,我奉党命在那里为国共两党合作而奔跑,我们走着同一的道路,只是没有谋面。"1925年秋,刚刚由共青团员转为中共党员的刘志丹被党组织派往广州黄埔陆军军官学校学习,先入军校第四期步兵科学习,不久转入炮兵科。北伐战争开始后,刘志丹参加了北伐誓师大会。1926年10月,刘志丹从黄埔军校毕业,随后被派往冯玉祥的国民军中做联军工作,任第四路军政治处长。他对部队进行新式训练,使之成为配合北伐的一支劲旅。此时的林伯渠也一直奔波在国共两党之间。1925年5月,林伯渠回到广州,参加国民党一届三中全会。7月1日,林伯渠出任国民政府监察委员。8月廖仲恺遇刺后,林伯渠代理国民党第一届中执委常委,兼理秘书处,进入国民党领导核心。1926年在国民党第二次全国代表大会上,林伯渠再次当选为国民党中执委常委,并兼任农民部部长等职。1月20日,国民党中央任命林伯渠为国民革命军第六军党代表兼政治部主任。"整理党务案"后,林伯渠被迫辞去农民部部长、中央财务委员、国民政府监察委员等职,转而全力投入

国民革命军第六军的政治工作，7月20日，参加北伐。

（二）共同举起武装暴动的旗帜

文章写道："他回到西北组织农民暴动，我因南昌起义失败，党决定我出国学习。"1928年，刘志丹等人组织领导了渭华起义。这次起义是在全国大革命失败后，继南昌起义、秋收起义和广州起义之后，全国最具影响的起义之一，它打响了西北武装革命的重要一枪，形成了方圆数百里的红色区域和革命武装割据的局面。渭华起义虽然失败，但它为党培养了一大批革命骨干和领导人物，积累了丰富的斗争经验。林伯渠在大革命失败后积极参与南昌起义的前期筹备，并以革命委员会委员兼财政委员会主席身份参与了起义的领导和组织工作，部队南下时负责为部队筹粮筹饷，起义失败后，根据中共中央和共产国际的安排，到莫斯科中山大学学习。

（三）共同投身红色苏区的实践

1933年3月，林伯渠到达中央苏区，先后以国民经济部部长、财政人民委员的身份负责苏区财政工作，随部队长征到达陕北后先后担任西北办事处财政部长、陕甘宁边区政府主席等职，建设苏区。刘志丹在渭华起义失败后将革命的火种引向陕甘边界，创建了陕甘边革命根据地。1933年3月，刘志丹等率领红二十六军第二团创立了照金革命根据地。1933年11月，红二十六军四十二师在刘志丹领导下，建立了南梁革命根据地。

1934年11月，成立陕甘边苏维埃政府，习仲勋任政府主席。与此同时，谢子长率领陕北游击队开辟了陕北革命根据地。1935年2月，中共西北工作委员会和西北革命军事委员会成立，统一了对陕甘边和陕北两根据地的领导。7月，陕甘边和陕北两根据地连成一片。通过追寻、探究两位伟人的战斗生涯，我们不难发现，正如林伯渠所说的那样，始终有一条"红线"把他们连接在一起。这条"红线"，就是他们为人民幸福、民族复兴而生命不息、战斗不止的斗争精神。

二、群众领袖，遗爱百姓，见其人民精神之牢固

对于刘志丹，林伯渠虽然没有和他更多地在一起亲自感受他的革命品质，但是他从不同的渠道认识了刘志丹的人民精神。

（一）人民信赖他

林伯渠同志饱含深情地写道："在边区的农村中，我不只一次地听到老百姓谈起他，人们是以对家人的那种亲切叙述他们的领袖的，那里有矜夸、有不可动摇的信赖，甚至小孩子唱起小调来也歌颂着革命，歌颂着他带给他们的快乐日子。"刘志丹以艰苦朴素、密切联系群众的优良作风赢得了人民群众的拥护和信赖。不管在地方还是在部队，刘志丹都非常重视维护和实现人民群众与革命战士的利益，被群众亲切地称为"我们的老刘"。在刘志丹等人的领导下，陕甘边苏维埃政府注意把工农群众吸收到政权里并参与政权管理，维护了边区群众自己当家做主的

政治权利。刘志丹作为陕甘边根据地的重要领导，生活上从不特殊，以身示范。他和普通红军战士一起吃野菜、住草棚窑洞、穿补了又补的衣服和麻鞋；他没有勤务员，也没有警卫员，自己骑的马还经常让给伤病员；他牺牲时遗物只有几份文件和几支香烟。毛泽东曾说："一个人死了开追悼会，群众的反映怎样，这就是衡量的一个标准。""刘志丹同志牺牲后，陕北的老百姓伤心得很，这说明他是真正的群众领袖。"

（二）战友信服他

"部队的战士时时提起过去带领他们在西北高原上纵横驰骋的领袖，他们称赞他的坚决勇敢，认为他是他们中间的一个，从没有一个在提起他时，不表示自己崇敬与感激的。"林伯渠从刘志丹的战友那里了解到他具有很强的领导能力和优秀的革命品质，战友们非常信服他。刘志丹创造性地采取派共产党员渗透进国民党的军队中开展分化工作，争取、教育、改造土匪武装和发动农民等多种方式，建立起了中国共产党领导的军事武装。他强调党对军队的绝对领导抓住了军队建设的根本，创办军政干部学校培养了大批军事骨干。同时，刘志丹胸襟坦荡，忠诚宽厚，严于律己，光明磊落，维护团结，从不计较个人得失。习仲勋曾说："志丹同志虽然比我们长十岁，但我们和他在一起工作时，却感到他是一位很好相处的同志，随和的好导师、好领导，也是好朋友、好兄长。他的确是一位光辉四射的革命家。""志丹同志和我在一起相处时，的确是我的老大哥，从工作上到生活上都十分关心我。"

(三) 组织肯定他

林伯渠写道："尤其是从季米特洛夫干部的四个标准说到他时，那活生生动人的事实，教我认识到志丹同志的布尔什维克的品质。"季米特洛夫是共产国际的杰出活动家，1935年至1943年曾主持共产国际工作8年，他提出的干部四条标准是"无限忠心，联系群众，有独立工作能力，遵守纪律"。1943年，中共中央和陕甘宁边区人民在志丹县为刘志丹举行隆重的公祭典礼，对刘志丹革命的一生给予了充分的肯定。毛泽东题词："群众领袖、民族英雄"；周恩来题词"上下五千年，英雄万万千。人民的英雄，要数刘志丹"；朱德说，"刘志丹是创造红军的模范"，他的"这种精神和毅力，就是建军的基本条件"，"如果有人要问共产党员是什么样子，那么就请看刘志丹同志"。这些都是代表组织对刘志丹的肯定，是林伯渠要极力赞美刘志丹的理由，更是刘志丹及南梁精神中人民精神牢固的生动体现。

三、仰不愧党，初衷不改，见其理想信念之坚定

林伯渠肯定地写道："志丹同志一生献身革命，对党、对自己所热爱的人民，是鞠躬尽瘁，死而后已。"刘志丹等人在领导创建陕甘边根据地的实践中经历了大大小小七十多次失败和挫折，他们始终初心不改，践行了"入党就是要为自己的信仰奋斗

到底。作为一个人来说，奋斗到底，就是奋斗到死"的誓言，展示了坚定的理想信念。

（一）坚持实事求是

陕甘红色政权能够成为中共中央和中央红军长征的落脚点、八路军奔赴抗日前线的出发点和硕果仅存的革命根据地，完全得益于刘志丹、习仲勋等人坚持实事求是的正确领导。当其他一些苏区实行"左"倾关门主义的时候，刘志丹对地方武装既联合又斗争，争取开明人士的支持；结合陕北、陇东的实际情况创造性地提出"把各种民间的武装和敌人的武装变成革命的武装"的思想，提出"三色"建军方式，"三色"就是"红、白、灰"，"白"是派党团员到国民党部队中去工作，"灰"是做土匪工作，"红"是搞自己的武装力量，以壮大革命力量。他提出立足实际，做好军事斗争与工农民主政权建设、党的建设的结合工作，军事、政治、经济、文化等各方面协调发展，形成革命的合力，使新生的红色政权不断巩固，根据地不断得到扩大发展。

（二）对党组织忠贞不贰

刘志丹并不居功自傲，始终对党忠心耿耿。他在受到排挤、诬陷、打击，甚至被关押时，始终以大局为重，展示了对党组织的忠贞不贰。当刘志丹得知自己将被逮捕时，毅然决定坦然面对诬陷，回到瓦窑堡接受党组织的审查。他宁肯牺牲自己，也不愿意看到党和红军分裂。关押期间，根据地 300 多名红军和群众聚集到瓦窑堡，要求见一见"我们的老刘"。刘志丹向关心自己的干部群众说："同志们，我一切都好，你们一定要顾全大局，坚守自己的战斗岗位。"刘志丹还十分重视身先士卒、军民一致、官兵一致等原则，爱民爱兵，作风民主，平等待人。他善于驾驭复杂的社会矛盾，注重调动群众的积极性。林伯渠对刘志丹等人的功勋极力赞颂："在这里，人民从革命中得到了土地、有着自己的民主政权，劳动对于他们不再是痛苦，生活好比刚要开放的花朵，只有敌人才仇恨边区，想破坏人民的幸福生活。我们要保卫志丹同志战斗抚育过的边区，爱护人民用自己的血建立起来的政权，并建设这个涌现出无数劳动英雄的大庄园。对于从人民中成长起来的领袖，我们有着人类最真挚的爱，而对敌人却有着共同的愤恨。"

（三）服从党组织安排

中共中央到达陕北后，刘志丹更是多次向干部战士强调："革命利益高于一切，要识大体顾大局，要绝对服从中央领导，听从中央调遣。"刘志丹从 1925 年加入中国共产党成为一名坚定的共产主义者后就决心服从党的安排，"为自己的信仰奋斗到底"。1935 年红二十五军到达陕北与红二十六军、二十七军会师后，在永坪镇召开了中共西北工委和中共鄂豫陕省委联席会议，决定撤销西北工委和鄂豫陕省委，成立陕甘晋省委，并改组原西北革命军事委员会。作为一方主要领导人的刘志丹却被排斥在新的省委和军委之外，刘志丹服从组织决定。刘志丹被党中央解救后，组织安排他出任西北革命军事委员会后方办事处副主任兼中央所在地瓦窑堡市警备司令。刘志丹服从党的安排，

积极为革命工作。1936年初,习仲勋在回瓦窑堡的路上遇到奔赴前线的刘志丹、宋任穷,刘志丹语重心长地说:"仲勋,向受过整的同志都说说,过去了的事,都不要放在心上,这不是哪一个人的问题,是路线问题,要相信党中央、毛主席会解决好。要听从中央分配,到各自岗位上去,积极工作。后方的工作很重要,我们有了巩固的后方,前方才能打胜仗。你要带头做好地方工作。"

刘志丹身上体现出来的斗争精神、人民精神、奉献精神,其实就是南梁精神的精髓。我们从林伯渠纪念刘志丹的这篇文章中,清晰感受到了正是有刘志丹等人的率先垂范和卓越领导,以及陕甘人民持之以恒的艰苦实践,才逐步形成了永远值得景仰和学习的南梁精神。林伯渠既是南梁精神的极力推崇者、宣传者,也为丰富和践行南梁精神做出过自己的贡献。我们在积极研究、大力倡导南梁精神的今天,通过这篇纪念文章,追忆一下历史伟人们的足迹,的确是一件十分有意义的事情。

(杨琦明系中共常德市委党校常务副校长;唐贤健系中共常德市委党校党史党建教研室副主任)

从陕甘革命根据地的创建看共产党人的团结协作精神

赵晓红

1864年，第一国际成立时，马克思指出："国际的一个基本原则——团结。"①陕甘边革命根据地之所以能够创建发展，并成为土地革命战争后期全国"硕果仅存"的红色区域，成为红军长征的落脚点和八路军奔赴抗日前线出发点，其关键正是共产党人的团结协作精神。

一、团结协作是西北共产党人创造性运用并成功实践毛泽东工农武装割据思想创建陕甘边革命根据地的基础

工农武装割据的基本思想是武装斗争、土地革命和根据地建设，三者紧密结合。陕甘边革命根据地创建的基础，就在于共产党人坚持团结协作精神，创造性运用和成功实践毛泽东工农武装割据思想。

---

① 《马克思恩格斯选集》第18卷，人民出版社，1972年，第180页。

（一）在武装斗争中坚持独具陕甘特色的统一战线工作，体现了共产党人的团结协作精神

1927年，大革命失败后，中国共产党走上了独立领导武装斗争的道路。陕甘革命武装得以创建的一个关键就是独具陕甘特色的统一战线工作，最能体现这一特色的首推"三色"建军方式。1929年，刘志丹在红石峡会议上提出"三色"建军方式。西北共产党人积极实践这一策略，先后在陕甘边界地区策划发动了七十多次武装起义，并持续坚持改造民团、争取绿林武装，积极团结哥老会等力量。1930年10月，刘志丹领导发动太白起义，创建南梁游击队，开创了中国共产党在陕甘地区独立领导工农武装革命的先河。在此基础上，游击队依次改编为西北反帝同盟军、中国工农红军游击队、中国工农红军第二十六军，建立了西北地区第一支由中共中央授予正规番号的工农红军部队，成为当时陕甘地区建立最早、人数最多、战斗力最强、影响也最大的一支主力红军。"三色"建军方式具有鲜明的统一战线性质，统一战线是中国革命取得胜利的三大法宝之一，其"本质要求是大团结大联合，解决的就是人心和力量问题"。[①]

[①] 习近平：《深刻认识做好新形势下统战工作的重大意义》（2015年5月18日），《十八大以来重要文献选编》（中），中央文献出版社，2016年，第556页。

陕甘革命武装发展壮大的基础是团结协作。为了革命武装力量的发展壮大，刘志丹、谢子长、习仲勋等共产党人不仅高度重视党内团结，而且始终注重团结调动一切积极因素。为了红军的生存，刘志丹、谢子长等先后和军阀陈珪璋、苏雨生等进行短暂合作，发展革命武装，同时，通过兵运活动，促成西华池、耀县和新堡起义，起义部队相继参加红军。他们还利用同乡、同学、亲友等关系，积极发展党员，结交军政官员、绅士和各界人士，传播革命思想，为革命力量不断发展壮大打下了良好基础。刘志丹结交的国民党军官韩练成、牛化东、左协中、曹又参等后来都率部起义，成为人民解放军的高级将领。

（二）在开展土地革命运动中坚持党的群众路线，体现了共产党人的团结协作精神

刘志丹、谢子长、习仲勋等共产党人在陕甘边界进行武装割据斗争的实践中，始终坚持以人民为本，与人民群众建立了患难与共、生死相依的血肉联系。在土地革命斗争中，把武装斗争与农民运动相结合，把农民作为革命的主要力量，以农民为土地革命的主体，从实际出发，有计划、有步骤地深入开展轰轰烈烈的土地革命运动，解决了农民最迫切的土地要求，极大地调动了群众参与革命的积极性，使土地革命成为红军的力量源泉和巩固革命根据地的基础。为捍卫土地革命斗争成果，英勇的陕甘边区党政军民，以血肉之躯铸就铜墙铁壁，先后多次粉碎国民党军的疯狂"围剿"。1934年5月，在南梁阎家洼子，为保守红军和苏维埃的秘密，苏维埃干部和革命群众有6人被国民党

反动派用铡刀铡死，36人被活埋。1935年4月，国民党军占领荔园堡、寨子湾后，捕杀干部，拉丁抓夫，并贴出告示：抓到习仲勋"赏白洋2000块、马2匹"。当时国民党军严刑拷打被迫走出山林的群众，追问红军和政府工作人员的去向，但南梁人民没有一个向敌人屈服的。

（三）在根据地建设中坚持和实践毛泽东根据地建设思想，体现了共产党人的团结协作精神

陕甘边区苏维埃政府成立后，刘志丹、习仲勋等陕甘边党政军领导人结合陕甘边区的实际情况，提出了促进根据地建设全面发展的"十大政策"。"十大政策"是对土地革命时期根据地经济、政权、文化教育建设的积极探索和成功实践，处处体现着团结协作精神。对土匪武装和地方民团开展积极、灵活、稳妥的统战工作；保护白区工商业者；团结重用大批知识分子；从思想上感召敌军官兵投奔红军。另外，文化教育、民政劳资、廉政及各种社会政策中也都折射出共产党人团结协作的革命精神。

二、团结协作精神让陕甘边、陕北革命根据地统一为"硕果仅存"的陕甘革命根据地

土地革命战争时期，在西北区域内，陕甘边、陕北根据地由于地域上互相毗邻，创建中密切协作、互为依托，最终在反"围

剿"斗争中形成统一的陕甘革命根据地，使陕甘边革命斗争得以在更广阔区域蓬勃发展。

（一）"狡兔三窟"、多区域战略布局，创建陕甘边革命根据地

在陕甘边革命根据地创建过程中，曾先后以正宁寺村塬、耀县照金作为革命斗争的中心，但相继失败。陕甘边共产党人深刻总结寺村塬、照金等地革命实践活动的经验教训，于1933年11月初在合水县包家寨子联席会议上提出了"要依靠广大人民群众，沿着敌人统治薄弱的桥山一带广泛开展游击战争；不能只建立一个根据地，而应同时在邻近地区建立几个根据地，即'狡兔三窟'的设想"。①"狡兔三窟"斗争模式是以南梁地区为战略重心，以关中、陕北为南北两翼，逐渐形成陕甘边根据地多区域战略布局。此决策部署可形成重点区域与牵制区域相配合、内外线作战相呼应、主力红军与地方游击队相支持、游击队与群众武装相结合的武装斗争格局，从而实现区域间的协调行动，充分发挥三个区域的整体优势。"狡兔三窟"多区域战略布局的精髓就是团结协作。毛泽东后来称赞道，刘志丹用"狡兔三窟"的办法建立根据地，这很高明。全民族抗日战争时期，毛泽东将陕甘边区这种多区域相互配合作战模式推广到整个华北敌后

---

①张邦英：《刘志丹永远活在人民心里》，《志丹书库·刘志丹卷（上）》，中国文史出版社，2010年，第274—275页。

抗日根据地的建设实践当中,并将这种模式用围棋中的术语"做眼"称之,形象地说明了多个根据地相互依托、相互配合、敌我相互包围和反包围这种根据地建设的新模式。"①

(二)陕甘边、陕北根据地一贯坚持的思想主张就是团结统一

在陕甘边、陕北根据地开展武装斗争过程中,由于艰苦复杂的斗争需要,领导人首先考虑到两地军队的统一问题。早在陕甘游击队转战陕甘边界时期,刘志丹就曾提出北上陕北的主张。而在两块根据地创建过程中,各有一次决定战略方向的重要会议,即合水包家寨子联席会议和佳县高祁家圪扩大会议。包家寨子会议决定开辟以南梁为中心的陕甘边革命根据地,为此,将陕甘边区划分为陕北、陇东、关中三个游击战略区;高祁家圪会议决定开辟安定、绥清、神府三个游击区。两块根据地创建的关键都是开辟三路游击区的策略,把陕甘边、陕北的游击战争作为一个全局整体来策划考虑。1934年7月阎家洼子联席会议上,刘志丹、谢子长对统一陕甘边和陕北革命根据地的问题已有讨论。此次会议对进一步加强陕北和陕甘边党、政、军的联系,为后来建立西北工委和西北军委,形成统一的陕甘根据地从思想

①曲涛:《习仲勋在陕甘宁边区》,中国文史出版社,2009年,第99页。

上、组织上打下一定基础。阎家洼子会议后，中共陕甘边区特委立即付诸行动，发布"七月决议"要求：陕甘边以华池苏区为中心，向四周发展；恢复照金苏区，打通与陕北苏区的联系。

（三）陕甘边、陕北革命根据地统一为"硕果仅存"的陕甘革命根据地

坚持团结协作使陕甘边、陕北根据地得以创建并不断巩固扩大。陕甘边、陕北根据地是在国民党蒋介石集中精锐兵力对南方根据地连续发起大规模军事"围剿"期间发展壮大起来的，两块根据地在创建、反"围剿"斗争中互为依托，始终坚持团结协作原则。在陕甘边根据地创建中，陕北特委曾给陕甘红军游击队输送了许多党员干部。1933年下半年，陕北游击队第一支队还两次来到陕甘边根据地，配合红二十六军，奇袭旬邑县城张洪镇，奔袭陇东合水县城。红二十六军也曾选派许多领导骨干到陕北，如红四十二师师长杨森和庆阳游击队负责人刘约三曾先后率部前去安定协助陕北游击队开展游击战争。1934年7月下旬，阎家洼子会议确立了陕甘边、陕北根据地互相配合和协调作战的战略方针。会后陕甘边区几乎倾尽所有调拨100支步枪和数百块银圆支援陕北游击队，并派红二十六军四十二师主力红三团随谢子长北上陕北。红三团到陕北战场后，与陕北游击队协同作战，四战四捷，粉碎了国民党当局对陕北根据地的"围剿"，推动了陕北根据地革命斗争蓬勃发展。

在国民党对中央根据地发动空前规模的第五次"围剿"的同时，从1934年春也开始发动对陕甘边和陕北根据地的第一次

大规模军事"围剿"。两块根据地使得国民党不得不将兵力分散在两块根据地从而相互减轻了反"围剿"斗争的压力。两地军民同仇敌忾，展开反"围剿"斗争，到夏秋之时，取得第一次反"围剿"斗争的胜利。

陕甘边游击战争推进到洛河川，陕北游击战争发展到延河流域，两区相距不足百里。1935年春，蒋介石在重兵"追剿"长征红军的同时，急调四万余兵力，对陕甘边和陕北根据地发动第二次"围剿"。在此情况下，1935年2月5日召开的周家硷会议，正式统一了两块根据地党和军队的领导，使陕甘地区的革命斗争进入新的发展阶段。之后，红二十六军与红二十七军协同作战，取得反"围剿"斗争胜利，先后攻克6座县城，使两块根据地连成一片，形成统一的陕甘革命根据地，成为土地革命战争后期全国"硕果仅存"的红色区域。正是这块唯一坚持下来的革命根据地，成为党中央和长征红军的落脚点和八路军奔赴抗日前线的出发点及中央指挥全国革命的大本营。

三、团结协作是党中央和红军长征得以成功落脚陕甘革命根据地的关键

长征途中，党中央和红军依据瞬息万变的敌情，曾八次召开政治局扩大会议，七易落脚点。党中央和长征红军成功落脚陕

甘根据地，与陕甘共产党人的团结协作精神密不可分。

(一) 陕甘根据地军民以极大的热忱欢迎红军长征的先导部队红二十五军，是共产党人团结协作精神的生动体现

长征最先到达陕甘革命根据地的是红二十五军。1935年9月，获知红二十五军即将到达陕甘根据地的消息后，陕甘边区苏维埃政府主席习仲勋等当即召开党政军干部会议，做出三项决定：一是立即将此消息传送到中共西北工委；二是由习仲勋和陕甘边区军事委员会主席刘景范代表根据地党政军领导去永宁山迎接红二十五军；三是动员苏区的干部和广大人民群众热烈欢迎与慰劳红二十五军将士。当时西北军委主席刘志丹正在反"围剿"前线指挥作战，接到西北工委的会师通知后，刘志丹立即起草了《欢迎红二十五军的指令》。由于习仲勋等陕甘边区领导人充分发动群众，所以红二十五军所到之处，根据地人民像迎接亲人一样，自发磨面碾米、背柴担水、安排食宿。9月15日，红二十五军到达延川县永坪镇，后与红二十六军、红二十七军合编为红十五军团，在陕甘根据地形成了一个强大的主力兵团，为粉碎国民党当局对陕甘苏区的第三次军事"围剿"和巩固、扩大陕甘根据地奠定了重要的基础。特别是接连取得了劳山、榆林桥战役的胜利，并继续南下，牵制国民党军队，为迎接中央红军的到来做出了卓越贡献，被毛泽东誉为"中央红军之向导"。

(二) 根据地军民迎接中央红军到达陕甘根据地的一系列行动，是共产党人团结协作精神的真实写照

中央红军开始长征后，党中央与上海局的电台联系就中断

山城堡战役纪念碑

了，国民党则极力封锁隔绝党中央的信息。因此，在各地党组织也被敌人严重破坏的情况下，党中央无法通过正常的组织渠道了解陕甘红军和陕甘根据地的具体情况。而陕甘边根据地在红军长征之前就与上级党组织和中央失去联系，当时为了联系上级党组织，迎接党中央和长征红军，陕甘根据地党和红军采取了许多积极有效的行动。他们曾主动派人到西安、上海等地联系上级党组织；陕甘红军还积极扩大战绩，通过舆论报道向外传递信息；另外，从参加过长征的肖锋、陈昌奉等人长征日记的记载可以看出，刘志丹、习仲勋等当时还多路派出人员，进入敌占区广泛打听寻找中央红军。

（三）党中央纠正陕甘边区错误肃反，粉碎国民党军对陕甘根据地第三次"围剿"，是共产党人团结协作精神的雄辩证明

中共中央抵达瓦窑堡后，立即纠正陕甘根据地错误肃反，将刘志丹、习仲勋等被关押的同志释放出来。他们不计个人恩怨，勤恳为党工作，使得红军的团结达到了一个新高度，从而取得直罗镇战役的胜利。为此毛泽东曾指出："直罗镇一仗，中央红军同西北红军兄弟般的团结，粉碎了卖国贼蒋介石向着陕甘边区的'围剿'，给党中央把全国革命大本营放在西北的任务，举行了一个奠基礼。"[①]毛泽东在直罗镇战役的总结中，讲到取得胜利的第一条原因就是："两个军团的会合与团结（这

---

① 毛泽东：《论反对日本帝国主义的策略》（1935年12月27日），《毛泽东选集》第1卷，人民出版社，1991年，第150页。

是基本的）。"①毛泽东还说，这次胜利产生了多方面积极影响，其中之一就是"使刚刚会合的南中北三支红军（指中央军、红二十五军、陕甘红军）得到进一步的团结。到现在人人都相信这种会合与团结是很好的，是必要的，是一个不可侮的势力，是战胜敌人的基本条件"。②从毛泽东的总结中可以看出，刚经历错误肃反危机的陕甘红军，不但在直罗镇战役中英勇奋战，而且在稳定陕甘局势、开拓红军落脚点局面、团结中央红军和红二十五军方面都起到了举足轻重的作用。

综上所述，陕甘根据地的创建史，实质是一部共产党人团结协作精神的铁血史诗。总之，中华民族是具有伟大团结精神的民族，而中国共产党是最能弘扬伟大团结精神的政党。当中国特色社会主义进入新时代，我们党肩负着实现中华民族伟大复兴的历史使命，同时也面临着"四大考验""四种危险"，共产党人更要弘扬伟大的团结精神。

(作者系中共庆阳市委党史工作办公室副主任)

---

①毛泽东：《直罗战役同目前的形势与任务》（1935年11月30日），《毛泽东文集》第1集，人民出版社，1993年，第363页。

②毛泽东：《直罗战役同目前的形势与任务》（1935年11月30日），《毛泽东文集》第1集，人民出版社，1993年，第364页。

南梁精神在新时代的实践要求

王晋林

南梁精神是土地革命战争时期马克思主义中国化在西北地区成功实践的结晶，是刘志丹、谢子长、习仲勋等领导人民群众在创建革命根据地的斗争实践中，所形成的党性修养、斗争精神、革命意志和宝贵品格。在新的历史条件下坚持发扬光大南梁精神，坚持践行南梁精神的实践要求，对于凝聚和形成决胜全面建成小康社会的强大精神力量，加速建设中国特色社会主义现代化具有重要的现实意义。

一、始终坚定革命理想信念，坚定不移地走中国特色社会主义道路，是南梁精神在新的历史条件下坚持党的基本路线的实践要求

坚守信念是南梁精神的主要内涵之一，也是南梁精神的核心。中国共产党人的理想信念，是马克思主义与中国革命具体实践相结合中所形成的共产主义思想体系的有机组成部分，是共产党人的世界观和人生观，也是引领人民革命斗争的重要精神

支柱和强大的精神力量。在创建和发展南梁革命根据地的伟大斗争实践中，以刘志丹、谢子长、习仲勋为代表的根据地党、红军和苏维埃政府，始终坚定革命理想信念，始终坚持走工农武装割据的道路，并在斗争实践中不断探索，从而走出了独具特色的创建革命根据地的道路——"陕甘模式"，成为"硕果仅存"的重要原因和条件，也是南梁精神中的亮点。以南梁为中心的陕甘革命根据地的创建和发展，最主要的历史功绩以及在中国革命史上独特的历史地位为"两点一存"，它源于南梁革命根据地领导人以及根据地军民"革命理想高于天"的精神，来自坚信中国革命必将胜利的信念，坚信共产主义理想在中国一定能够实现的崇高信仰。始终坚定革命理想信念，是南梁精神的核心，是南梁精神的基石，南梁精神伴随着中国新民主主义和社会主义革命建设、改革开放和中国特色社会主义现代化建设的历程，也将是推动中华民族伟大复兴的强大精神动力。

坚定理想信念是中国共产党人的政治本色。中国人民在中国共产党的领导下，坚定只有社会主义才能救中国、才能建设中国的信念，取得了中国新民主主义和社会主义革命建设的伟大胜利，继而又在改革开放以来取得了显著成效，特别是党的十八大以来，中国特色社会主义现代化建设取得了举世瞩目的成就。纵观中国社会主义建设历程和取得成就的原因，其核心就在于在中国共产党的领导下，坚定不移地走中国特色社会主义现代化建设的道路。习近平总书记在党的十九大报告中指出:"中国特色社会主义道路是实现社会主义现代化、创造人民美好生活的必由之路,中国特色社会主义理论体系是指导党和人民实现中华民族伟大复兴的正确理论。"[1]在新的历史条件下,坚持理想信念,坚持党对一切工作的领导,坚持新发展理念,继续坚定不移地走中国特色社会主义现代化建设的道路,是南梁精神在新的历史条件下坚持党的基本路线的实践要求。

二、始终坚持解放思想、实事求是、与时俱进的思想路线,是南梁精神在新的历史条件下不断深化改革开放的实践要求

求实开拓是南梁精神的内涵之一,也是南梁精神的精髓。"实事求是,一切从实际出发,理论联系实际,坚持实践是检验真理的唯一标准,这是我们党的思想路线"[2]。在创建和发展南梁革命根据地的伟大斗争实践中,刘志丹、谢子长、习仲勋等根据地党政军领导人,认真总结和吸取创建寺村塬、照金根据地斗争失败的经验教训,总结在斗争实践中正反两方面的经验教训,自

---

[1] 习近平:《中国共产党第十九次全国代表大会文件汇编》,人民出版社,2017年,第13—14页。

[2] 邓小平:《邓小平文选(1975—1982年)》,人民出版社,1993年,第242页。

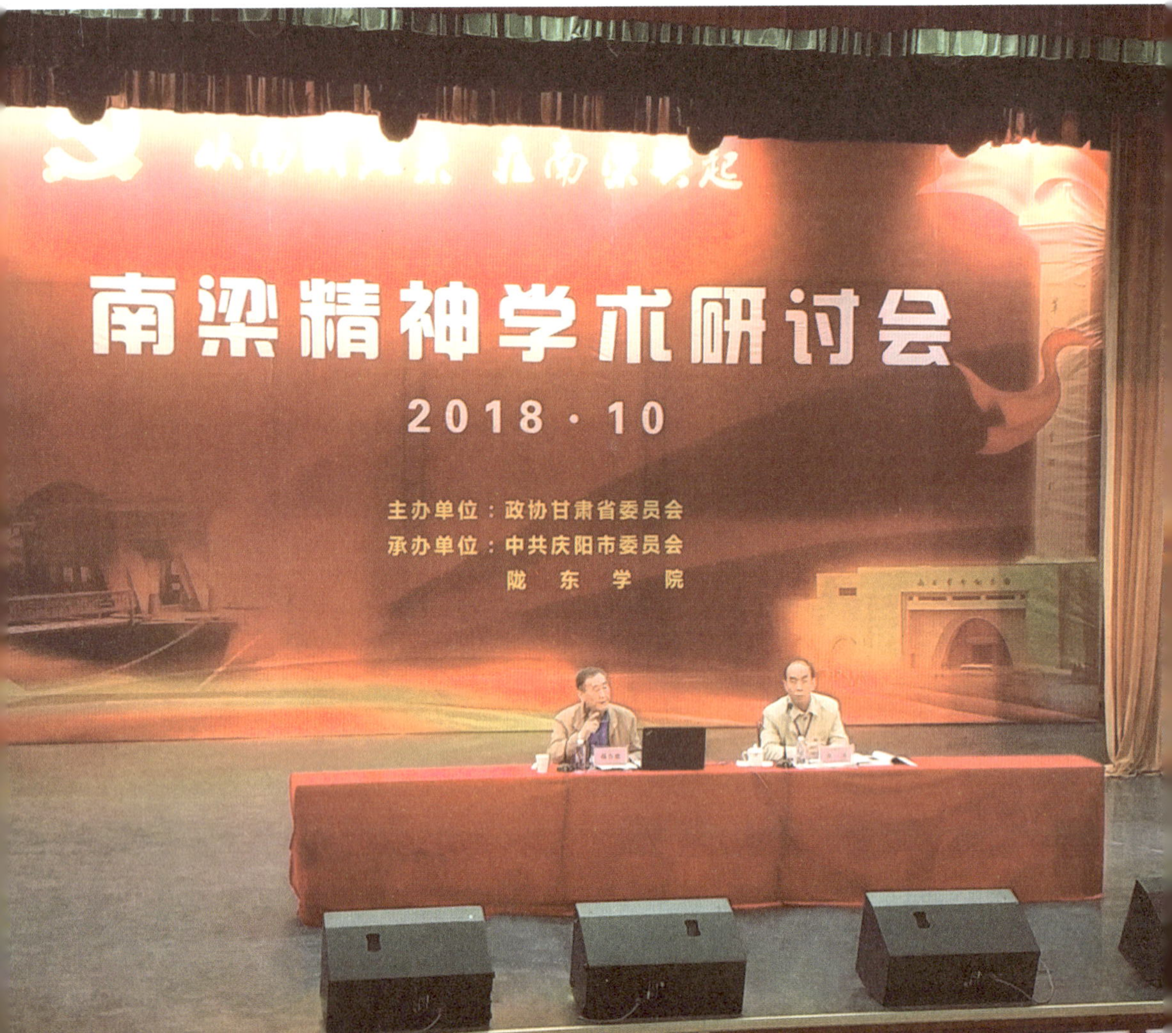
南梁精神学术研讨会
2018·10
主办单位：政协甘肃省委员会
承办单位：中共庆阳市委员会
陇 东 学 院

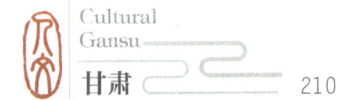

党克服和抵制"左"倾冒险主义和教条主义的错误和影响，创造性地提出和实施"三色"建军方式、"狡兔三窟"式创建根据地模式，成功地创建了以南梁为中心的陕甘边革命根据地。在创建革命根据地的斗争过程中坚持实事求是，既要同敌人开展反"围剿"的斗争，又要面对艰苦恶劣的生存环境，同时还要不断克服来自党内"左"倾错误的干扰和影响；特别是在这个过程中，既要坚持革命斗争的原则性，坚持党的正确领导，坚持一切从实际出发，开拓创新思想路线，又要有正确的政策策略、灵活的斗争艺术、高超的创新智慧，彰显出了南梁根据地党政军领导人坚持一切从实际出发、开拓创新的思想路线，从而探索出一条符合陕甘边区斗争实际的创建革命根据地的道路来，推动了南梁革命根据地不断发展和壮大，其中关键的一环，就是坚持了以实事求是、开拓创新为精髓的南梁精神。南梁精神充分体现了中国共产党实事求是的思想路线，正是坚持实事求是的思想路线，我们党带领全国人民取得了中国特色社会主义现代化建设的光辉成就，走进了伟大的新时代。

习仲勋曾经深刻地指出，南梁革命根据地创建和发展的最根本的原因"就是以马列主义、毛泽东思想为指导，坚持走井冈山的道路"。坚持南梁精神等一系列中国革命的精神，就是坚持解放思想、实事求是、与时俱进，坚持一切从实际出发，把马克思主义基本原理同中国革命与建设、改革开放与现代化建设的具体实践相结合，不断地解决在这一过程中出现的新问题和新情况，从而取得了中国革命和社会主义建设、改革开放和中国特

色社会主义现代化建设的巨大成就。中国特色社会主义进入了新时代。在新的历史条件下，南梁精神实践的要求在于，要实现中华民族伟大复兴的中国梦，必须始终坚持开拓创新，勇于改革开放，顺应时代潮流，让党和人民事业始终充满不断前进的强大动力。在推进中国特色社会主义现代化建设伟大事业中，坚持解放思想、实事求是、与时俱进的思想路线，勇于直面存在的问题，不断清除一切侵蚀党的健康肌体的病毒，坚决破除一切不合时宜的思想观念和体制机制弊端，不断地加强党的建设，自觉增强道路自信、理论自信、制度自信、文化自信，保持政治定力，坚持实干兴邦，这是南梁精神在新的历史条件下不断深化改革开放和现代化建设的实践要求。

三、始终保持艰苦奋斗的优良传统和作风，是南梁精神在新的历史条件下坚持弘扬党的优良作风的实践要求

艰苦奋斗是中国共产党的政治本色，是党的根本性质、根本宗旨的集中体现。南梁革命根据地创建和发展的历史，就是一部艰苦奋斗的历史，南梁精神集中地反映出了南梁根据地党政军领导人与广大人民群众保持血肉联系的艰苦奋斗精神。刘志丹、谢子长、习仲勋等根据地领导人在艰苦的斗争生活中同普通干部战士同甘苦、共患难，住一样的窝棚窑洞、吃野菜、穿草鞋，

形成了艰苦奋斗的良好风尚。南梁苏区的广大军民正是在刘志丹、谢子长、习仲勋等领导人的带领下，凭借着这种艰苦奋斗的精神，形成了团结一致、同甘共苦的局面，克服和战胜了无数艰难困苦，把广大干部战士和人民群众紧紧团结在党的周围，保证了党的统一领导和革命力量的聚集，成为南梁革命根据地克敌制胜、不断发展壮大的显著的政治优势之所在，也成为南梁精神的亮点之一。

艰苦奋斗是中国共产党的优良传统和作风，是中国共产党人显著的政治本色和崇高的政治品质，也成为凝聚党心、民心为争取民族独立、国家富强而共同奋斗的伟大精神力量。中国共产党领导中国人民革命和建设的发展史，也是一部艰苦奋斗的创业史。回顾我们党的奋斗历程，我们党领导中国人民依靠艰苦奋斗的精神，推翻了压在中国人民头上的三座大山，取得了社会主义建设、改革开放和中国特色社会主义现代化建设的巨大成就。在新的历史条件下保持艰苦奋斗的传统和作风，并不是要过以前那种艰苦生活，也不是要否定合理的物质利益。中国共产党人奋斗的目的就是建设中国特色社会主义，不断提高广大人民群众的物质生活和精神文化生活水平，实现中华民族的伟大复兴。在新的历史条件下弘扬南梁精神，始终保持艰苦奋斗的精神，是要弘扬党的优良传统和作风。保持艰苦奋斗精神的落脚点应放在解放思想、与时俱进、开拓创新上，落实在保持共产党人崇高的政治品格上，这就是南梁精神在新的历史条件下坚持弘扬党的优良作风的实践要求。

四、始终保持与人民群众的血肉联系,牢固树立为人民服务的思想,是南梁精神在新的历史条件下坚持党的群众路线的实践要求

面向群众是南梁精神内涵之一,是南梁精神的根基,充分体现了党的群众路线的根本特征。群众路线是党的生命线和根本工作路线。面向群众、密切联系群众,是中国共产党性质和宗旨的体现,是中国共产党区别于其他政党的显著标志,是中国共产党革命精神谱系中的根本特征。在创建和发展南梁革命根据地的伟大斗争实践中,陕甘边党、红军和苏维埃政府心系人民群众、服务于人民群众,把维护和实现人民群众的利益作为革命的根本目标。刘志丹、谢子长、习仲勋等根据地的党政军领导人和干部战士,坚定不移地走群众路线,紧紧依靠群众,坚决维护和发展广大人民群众的根本利益,始终和人民群众打成一片,在苏区形成了"只见公仆不见官"、政清人和的生动局面。[1]陕甘边党、红军和苏维埃政府所制定和实施的各项政策和法令中,都把根据地人民群众的根本利益放在第一位,都给苏区人民群众带

---

[1]《习仲勋传》编委会:《习仲勋传》(上),中央文献出版社,2008年,第218页。

来实实在在的利益，赢得了人民群众真心实意的拥护和支持，成为南梁革命根据地发展和壮大的力量源泉。

始终树立心系群众、服务人民的理念，永远保持与人民群众的血肉联系，是中国共产党根本性质、根本宗旨的集中体现。党的先锋队性质以及党同人民群众的血肉联系，经历了人民革命战争血与火的洗礼和考验，尽管党的建设在不同的革命历史时期有着不同的时代内涵和重点任务，但是党的先锋队性质不会改变，始终保持同人民群众的血肉联系的党风党建的核心不会改变。中国共产党建立以来不断发展壮大的历程，就是党始终与人民群众保持血肉联系的历程。在决胜全面建成小康社会和夺取新时代中国特色社会主义伟大胜利的进程中，必须坚持以人民为中心，始终保持与人民群众的血肉联系，依靠人民群众创造历史伟业，这就是南梁精神在新的历史条件下坚持党的群众路线的实践要求。

（作者系中共甘肃省委党校图书馆原馆长、教授）

庆阳新貌

以弘扬南梁精神助推脱贫攻坚的思考

李荣珍

陕甘边革命根据地在创建过程中,孕育出了具有地域特点和革命精神共性的南梁精神,其丰富的精神内涵,被概括为"面向群众、坚守信念、顾全大局、求实开拓"。南梁精神,不仅反映了以刘志丹、谢子长、习仲勋等为代表的陕甘根据地缔造者为国为民的高尚情怀和奋斗精神以及创造出的革命业绩,也是革命历史馈赠给后人的宝贵精神财富。历史进入新时代以来,党中央提出了"坚决打赢脱贫攻坚战"的新任务、新要求,要在2020年实现全国农村贫困人口全部脱贫,面对党的这一庄严承诺,打好扶贫攻坚战,必须要有强大的精神力量支撑,不忘初心的南梁精神,恰恰为打赢这场硬仗,为消除贫困,实现全面小康和现代化建设提供了强大精神动力。

一、面向群众是南梁精神的根基,也是推进脱贫攻坚的出发点和基本遵循

南梁精神内涵表述的第一点,是面向群众,这是南梁精神的

根基，是党的性质和宗旨所决定的，也是打好脱贫攻坚战，实现全面建成小康社会目标的基本遵循。回望历史，中国共产党90多年的奋斗历史就是紧紧依靠人民、全心全意为人民服务、不断争取人民利益和人民主体地位的历史。从确立全心全意为人民服务的根本宗旨到新时期提出以人民为中心的发展思想一脉相承、继往开来，构成了中国共产党从新民主主义革命时期到社会主义革命和社会主义建设时期、改革开放新时期的思想指南和奋斗坐标。

在陕甘边和陕北革命根据地，刘志丹、谢子长、习仲勋等共产党人秉承了一切从人民群众的利益出发、全心全意为人民服务的宗旨，始终把建立人民政权、维护人民群众利益作为革命的根本目的，坚定不移地走群众路线，和群众打成一片、融为一体。很多传唱至今的陕甘民歌记载了这种深情，如："哪里有老刘，哪里人最稠，男女老少都围满，话儿拉不够。"陕甘边区苏维埃政府制定的土地革命、发展生产等方面的十大政策，都是从人民群众的实际需要出发的，赢得了边区群众的真心拥护和支持。为保证清正廉洁的党风政风，党组织和政府制定了严格的法规和条例。其中一条规定：凡一切党政军干部，如有贪污十元以上者执行枪毙。在严格的制度要求下，陕甘边区没有贪污案件发生。在根据地，和衷共济，万众一心，形成了"只见公仆不见官"的和谐生动局面。习仲勋曾说过这样一句话："陕甘边之所以能迅速发展，与陕甘边的党组织和红军紧紧扎根于人民群众之中是分不开的。"①毛泽东对陕甘边区的干部群众是这样评价的："我们刚刚到陕北，仅了解一些情况。但我看到人民群众的政治觉悟很高，懂得许多革命道理。陕北红军的战斗力很强，苏维埃政权能够巩固地坚持下来，我相信创造这块根据地的同志们是党的好干部。"②

党的十八大以来，习近平总书记提出了坚持以人民为中心的发展思想。2013年2月，他在视察甘肃时提出了"八个着力"的发展要求，其中就有"着力推进扶贫开发"。他蹚着乡间路上没过脚面的浮土，走进东乡族自治县典型的贫困村布楞沟村看望村民，嘘寒问暖。布楞沟村地处深山沟壑中，自然条件严酷，群众生活困难，全村68户345人，2012年人均纯收入只有1624.1元，贫困面高达96%，是全县最贫困、最干旱的山村之一。看到村民不是翻山越岭去挑水，就是挖水窖等待天上的雨水的实际困难，习近平总书记作出了十分关切的指示："要把水引来，把路修通，把新农村建设好。"他鼓励乡亲们发扬自立自强精神，找准发展路子，苦干实干，改善生产生活条件，早日改变贫困面貌。在总书记的关怀和鼓励下，布楞沟村如今发生了翻天

---

①习仲勋：《序》，张秀山：《我的八十五年》，中共党史出版社，2007年，第3页。

②王首道：《中央为刘志丹平反》，《刘志丹纪念文集》编委会：《刘志丹纪念文集》，军事科学出版社，2003年，第407页。

覆地的大变化。

甘肃在发展中，要落实好习近平总书记"八个着力"重要指示精神，就必须学习贯彻以人民为中心的发展理念，始终把人民放在心中最高位置，把实现好、维护好、发展好最广大人民的根本利益作为第一任务，把人民是否拥护、赞成、高兴、答应作为衡量工作得失的根本标准，心系群众、排忧解难，让人民群众看到变化、得到实惠。要始终把脱贫攻坚作为重要的政治任务来抓，把农村作为脱贫攻坚的主战场，围绕"真扶贫、扶真贫、真脱贫"，全力以赴加快扶贫攻坚步伐，争取让甘肃早日进入脱贫致富的队列之中。

二、坚守信念是南梁精神的核心，也是推进脱贫攻坚的不竭动力源泉

中国共产党的党章明确规定："党的最高理想和最终目标是实现共产主义。"为建立共产主义制度而奋斗的过程是一个分阶段的漫长历史进程，中国现在所处的是社会主义初级阶段。党近期的基本目标和历史任务，就是以中国特色社会主义制度作保障，全面建成小康社会。

实现共产主义的理想信念是中国共产党人不断走向胜利的伟大旗帜。在创建陕甘边革命根据地的过程中，刘志丹、谢子

长、习仲勋等人就有着为共产主义伟大理想奋斗终生的志向，他们是清涧起义、渭华起义、靖远起义、两当兵变等重大武装活动的组织者和发动者，这些起义因敌我力量的悬殊等情况，最终都失败了，但他们矢志不渝，初心不改。刘志丹的话很有代表性："几年来，陕甘地区先后举行过大大小小七十多次兵变，都失败了。最根本的原因就是军事运动没有同农民运动结合起来，没有建立起革命根据地。如果我们像毛泽东同志那样，以井冈山为依托，搞武装斗争，建立根据地，逐步发展扩大游击区，即使严重的局面到来，我们也有站脚的地方和回旋的余地。现在，最根本的一条是要有根据地。"①当陕甘游击队遭遇挫折，谢子长带着伤病员到豹子川养伤时，鼓励战士说："失败是成功之母，一次不成再来一次，最后胜利总是我们的。"这些话语充满了革命乐观主义精神，这些事例集中反映了那一代共产党人革命理想坚如铁的精神追求。

自中华人民共和国成立以来，特别是改革开放以来，党中央高度重视扶贫开发工作，全国人民矢志不渝、接力奋斗，开创出具有中国特色的扶贫模式，为加速世界减贫进程贡献出中国力量。历史上，甘肃就是非常贫困的省份之一，各种自然灾害频繁发生，中华人民共和国成立后，在党中央的关怀和领导下，甘肃

---

① 习仲勋：《难忘的教诲——纪念刘志丹同志九十诞辰》，《人民日报》，1993年10月24日。

取得的减贫成就是巨大的。20世纪80年代初，党中央、国务院针对甘肃、宁夏贫困地区，出台了"三西"（甘肃的定西、河西，宁夏的西海固）农业建设的大计划。甘肃制定"兴河西之利，济中部之贫"的战略方针和"有水走水路，无水走旱路，水旱路不通另找出路"的扶贫路子，先后创造出中国扶贫史上的三个第一：第一个有计划、有组织、大规模的开发式扶贫行动；第一个集中连片推进的区域性扶贫开发行动；第一个大规模易地扶贫和生态移民搬迁行动。"三西"建设涉及甘肃中部20个县，西部19个县。1986年，甘肃省委、省政府抓住国家加大扶贫资金投入的机遇，先后将陇东革命老区的华池、环县、宁县等9个县和南部高寒阴湿地区的岷县、积石山、迭部等21个县进行重点扶持。至此，中央财政专项扶贫资金和省内配套资金共同扶持的县（市、区）达到69个，形成了甘肃全面扶贫开发的局面。经过多年奋战，"三西"建设取得骄人成就。据1993年统计，全省贫困人口从1982年的1254.42万人减少到1993年的427.42万人，贫困发生率由74.83%下降到22.35%。终于实现了从"一方水土养活不了一方人"向稳定解决温饱问题的历史性转变。1994年初，按照《国家"八七"扶贫攻坚计划》，甘肃制定《全省"四七"扶贫攻坚计划》。进入21世纪后，又制定了《甘肃省2001—2010年农村扶贫开发纲要》，扶贫开发持之以恒。

党的十八大以来，脱贫攻坚上升到国家战略层面，进一步提高了脱贫的衡量标准。在以习近平同志为核心的党中央领导下，甘肃全省脱贫攻坚取得积极进展和重大成效。全省建档立卡贫困人口由 2013 年底的 552 万减少到 2018 年底的 111 万，贫困发生率由 28% 下降到 5.6%。2017 年有 6 个国定贫困县摘帽退出，这是国家设定贫困县以来甘肃首次实现贫困县数量净减少。2018 年摘帽的贫困县达到 18 个。

甘肃脱贫前景虽然看好，但由于历史的原因和自然环境的影响，脱贫任务依然艰巨繁重，面临的是最难啃的硬骨头。在剩余的 111 万贫困人口中，因病因残致贫的占 27%，贫困群众大多文化程度低、自我发展能力弱。任重道远是甘肃脱贫攻坚必须面对的现实。

2019 年 3 月 7 日，习近平总书记参加十三届全国人大二次会议甘肃代表团审议时指出："脱贫攻坚越到紧要关头，越要坚定必胜的信心，越要有一鼓作气的决心，尽锐出战、迎难而上、真抓实干、精准施策，确保脱贫攻坚任务如期完成。"这些话语极大地鼓舞了甘肃人民决战决胜全面建成小康社会的斗志和干劲。

能否在急难险重任务面前勇挑重担，是判断新形势下理想信念是否坚定的检验标准。甘肃是欠发达省份，各项事业处于滚石上山、爬坡过坎、砥砺前行的特殊阶段，脱贫攻坚道路上将面临艰巨的挑战，必须付出更大的努力。面对困难和挑战，全省广大共产党员和干部群众一定要向创造南梁精神的革命前辈学习，坚守共产主义理想信念，奋力打赢脱贫攻坚战，在实现全面小康

的路上创造出新的辉煌。

三、顾全大局是南梁精神的特质,也是助推精准扶贫的重要组织保证

党所走过的历史证明:什么时候民主集中制坚持得好,党就风清气正、充满生机活力,党的事业就蓬勃发展;什么时候民主集中制受到破坏,党的风气就会受到损害,党的事业就会遭遇挫折。陕甘革命根据地的成功创建,是与贯彻党的民主集中制原则分不开的。1943年4月23日的延安《解放日报》指出:"刘志丹同志远离中央,能从革命实践中体会马列主义之精髓,使马列主义之普遍真理具体实践于西北,在建军建党建政及领导革命战争中,其方针策略,无不立场坚定、实事求是、坚持党的正确路线,与'左'、右倾机会主义路线进行不调和之斗争。"这一论断不仅是对刘志丹革命实践的高度评价,也是对陕甘根据地革命斗争和政权建设的高度评价。陕甘革命根据地的创建并非一帆风顺,而是充满风险和曲折,刘志丹、谢子长等人曾屡遭"左"倾错误思想执行者的无端指责,但他们从不计个人荣辱和得失,一切为了创建红军和革命根据地这个大局。陕甘游击队时期,刘志丹、谢子长都曾被撤掉总指挥职务,但他们甘当配角,为部队发展、为根据地开辟献计献策,在战场上既发挥主导指挥作用，又在危局时带头冲锋陷阵，用实际行动维护大局，赢得红军将士、干部群众的拥护和爱戴，树立起真正共产党人的光辉形象。最典型的是刘志丹、习仲勋等人在错误肃反中的被捕，他们作为红军和苏维埃政府领导人，完全有条件脱离这次人为制造的厄难，但他们为根据地前途命运着想，为更多人的安全着想，为大局着想，没有走，主动去说明情况，磊落胸怀令人敬佩。他们的担当作为，加强了红军的团结和根据地各方力量的团结，为陕甘宁边区成为领导中国革命的大本营奠定了基础。

2016年10月，国务院发布的《中国的减贫行动与人权进步》白皮书宣告，中国对全球减贫的贡献率超过70%，为全球减贫事业做出了重大贡献。同时，白皮书指出，中国减贫面临的形势依然严峻：一是贫困人口数量多。截至2015年年底，全国还有贫困人口5575万人，相当于中等人口规模国家的总人数。二是脱贫难度大。未脱贫人口大多贫困程度更深、自身发展能力弱，脱贫攻坚成本高、难度大。三是时间紧。中国已提出从2016年起，平均每年要减贫1000万人以上。四是易返贫。因灾、因病、因学、因婚、因房返贫情况时有发生。因此，党中央号召举全党全社会之力，坚决打赢脱贫攻坚战。提出了总体目标：到2020年，稳定实现农村贫困人口不愁吃、不愁穿，义务教育、基本医疗和住房安全有保障；实现贫困地区农民人均可支配收入增长幅度高于全国平均水平，基本公共服务主要领域指标接近全国平均水平；确保现行标准下农村贫困人口实现脱贫，贫困县全部摘帽。

庆阳董志塬新貌

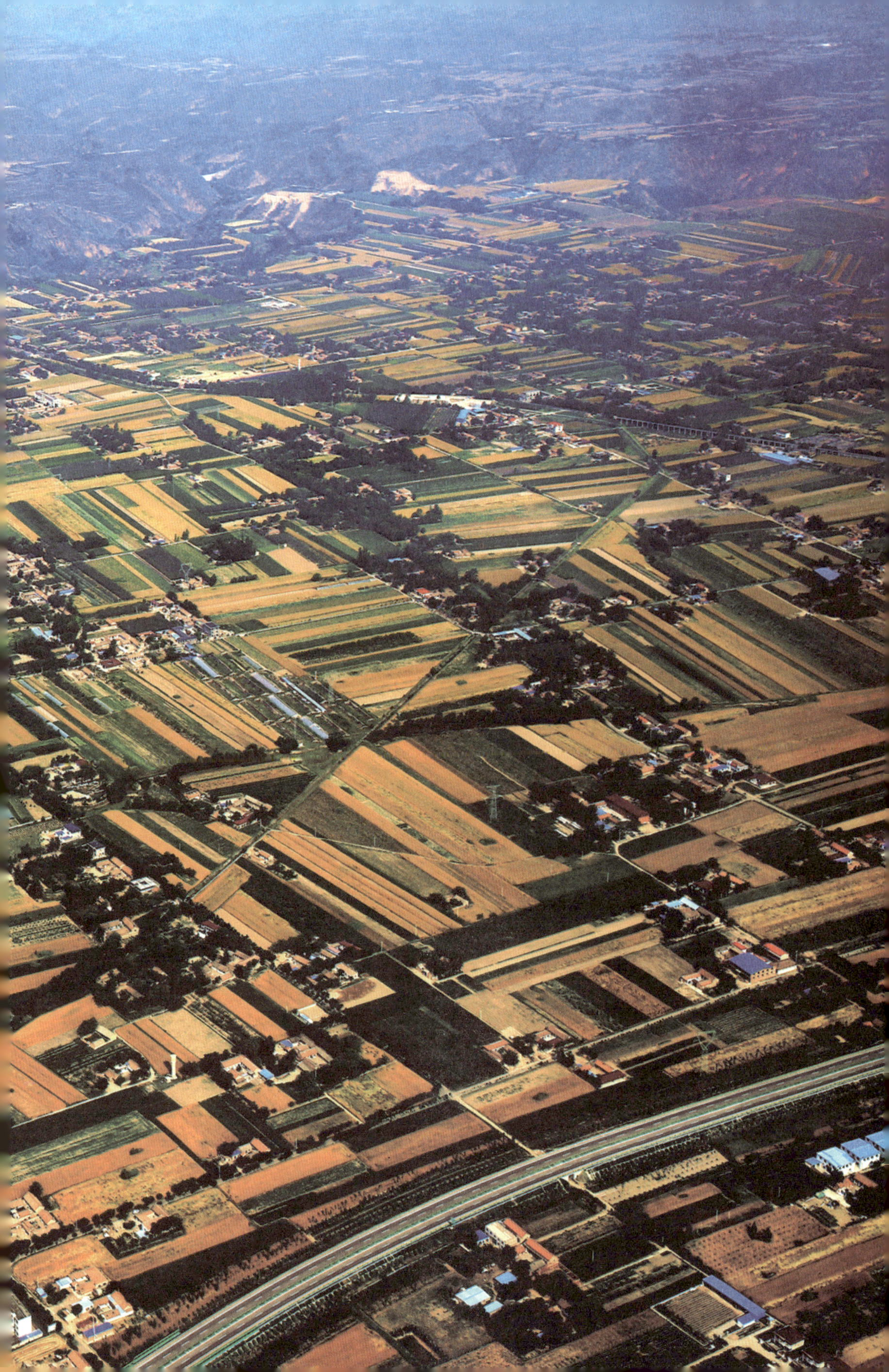

实现目标任务就是脱贫攻坚的大局，行之有效的民主集中制依然是实现目标任务的有力保障。甘肃与全国一道同步建成小康社会，是各级党组织面临的最大政治任务，也是甘肃必须维护的党和国家大局。能否如期实现，不仅事关全省各族人民的根本利益，更事关全党统一战略部署和对世界的庄严承诺。全省广大党员干部决不能辜负党和人民的希望与重托，要以南梁精神为指引，紧紧围绕大局，切实增强历史使命感和政治责任感，自加压力不松劲，不掉队，让甘肃的脱贫攻坚不断在中国扶贫的舞台上出彩，加快甘肃的前进步伐。

四、求实开拓是南梁精神的精髓，也是助推脱贫攻坚的主要方法路径

《中国共产党章程》把党的思想路线的基本内容完整地表述为："一切从实际出发，理论联系实际，实事求是，在实践中检验真理和发展真理。"陕甘革命根据地的缔造者们，是解放思想、开拓前进的典范。刘志丹创造性提出红、白、灰"三色"建军方式，创造了一支能打胜仗的红二十六军。当寺村塬、照金根据地相继丧失后，刘志丹、习仲勋等人汲取经验教训，提出了多个游击战略区域相互配合、共同创建革命根据地的发展模式，使得陕甘边根据地迎来了大发展时期，为党中央和中央红军及红二、四方面军北上选择落脚点提供了基础和条件，陕甘根据地因此也成为贯彻党的实事求是思想路线最坚决、最彻底的根据地之一。

解放思想、实事求是，是脱贫攻坚最好的方法路径。甘肃必须要以思想的大解放来促进甘肃的大发展。怎样开拓创新？应在考虑甘肃乡村振兴的战略布局上将重点放在思想扶贫、志向扶贫、智力扶贫和产业扶贫上。

思想扶贫。思想扶贫是管方向、管大局的。观念落后、思想保守仍然是制约甘肃改革发展的重要因素之一。要解放思想，首先要学深悟透习近平总书记关于脱贫攻坚思想的精神实质，提高攻坚克难、化解矛盾、驾驭脱贫攻坚复杂局面的能力，掌握实战本领。要敢于冲破旧的思想观念束缚，敢于打破现状，以自我革新的勇气，以对党和人民高度负责的态度，解决现实问题，为甘肃脱贫攻坚闯出一条新路来。

志向扶贫。在扶贫之路上，不少贫困群众感受到了党和国家扶贫政策带来的实惠，勤劳致富，开始走上小康之路。但还有个别贫困群众"等靠要"思想严重，有些干部也有畏难情绪。这些表现都与缺乏穷则思变的精神有很大关系，这种精神贫困、志向贫困，往往比物质贫困更可怕。怎样改变？就在于以南梁精神为标杆，扶贫先扶志，教育贫困户树立起志向来，增加摆脱困境的斗志和勇气，愿作为，敢作为，能作为，让他们用勤劳的双手摘掉贫困帽子，创造幸福生活。

智力扶贫。扶智就是扶知识、扶技术、扶思路，帮助和指导贫困群众提升脱贫致富的综合素质。教育扶贫是重点，要让贫困

地区的孩子们接受良好教育，阻断贫困代际传递的链条，应统筹中央、地方财力向教育脱贫任务较重的地区和定点村倾斜。技能培训是帮助贫困群众脱贫最直接最有效的智力扶贫途径。扶智力，贵在精准。扶持对象精准、项目安排精准、资金使用精准、措施到户精准、因村派人精准、脱贫成效精准的"六个精准"，就是最有效的方法，应当落实好。

产业扶贫。产业扶贫见效快，越来越多的贫困户走上致富奔小康的康庄大道，就是依托于产业。如一些地方创造的"旅游＋扶贫""产业＋扶贫""生态＋扶贫""电商＋扶贫"等行之有效的"造血式"产业扶贫，都表现出找准路子的新特色。因此，产业扶贫重点是吃透村情、民情，问计于民，合理布局，才能找到产业发展的新路。

2013年，习近平总书记视察甘肃时作出了"加快建设幸福美好新甘肃，努力到2020年同全国一道全面建成小康社会"的重要指示。落实好这一指示，就需要让南梁精神这一本土精神照耀我们的脱贫路，激励我们不忘初心，继续前进，打赢脱贫攻坚的世纪之战，确保甘肃与全国一道全面建成小康社会。

（作者系甘肃省延安精神研究会副会长、中共甘肃省委党史研究室原副主任）

弘扬南梁精神 做好人民政协工作

何等强

第二次国内革命战争时期，以刘志丹、谢子长、习仲勋为代表的陕甘共产党人，团结和带领陕甘边区广大军民，在创建以南梁为中心的陕甘革命根据地的伟大斗争实践中，用生命与热血培育形成了以"面向群众、坚守信念、顾全大局、求实开拓"为主要内涵的南梁精神，成为陕甘边和陕北革命根据地克敌制胜、战胜困难的强大精神支柱和力量源泉。南梁精神是中国革命精神谱系中的重要组成部分，已经成为弘扬红色基因的靓丽名片。在新的历史时期，作为中国共产党领导下的多党合作和政治协商的重要机构——人民政协，要大力弘扬南梁精神，充分发挥人民政协的独特优势，全力做好人民政协的各项工作，为实现中华民族伟大复兴的中国梦而贡献智慧和力量。

一、坚持和加强党的领导，推动人民政协事业不断发展

在革命斗争中，以刘志丹、谢子长、习仲勋等为代表的共产党人坚持党的正确领导，反复强调党的领导权的重要意义，为后

来以南梁为中心的陕甘边革命根据地的开辟和创建奠定了重要的基础。由此可见，坚持和加强党的领导是陕甘边革命斗争取得胜利的根本保证。人民政协作为多党合作和政治协商的重要机构，是各族人民经过长期的革命斗争，由中国共产党和各民主党派、无党派民主人士、各人民团体、各界爱国人士，在新中国成立前夕，在中国共产党的领导下共同创立的，对有关国家大政方针和群众生活的重要问题进行政治协商，并通过建议和批评发挥参政议政、民主监督的作用。正是在党的领导下，人民政协充分发挥了其职能作用，为全国各项事业的发展做出了自己的贡献。习近平总书记指出："做好人民政协工作，必须坚持中国共产党的领导。中国共产党的领导是包括民主党派、各团体、各民族、各阶层、各界人士在内的全体中国人民的共同选择，是中国特色社会主义最本质的特征，也是人民政协事业发展进步的根本保证"。"人民政协事业要沿着正确方向发展，就必须毫不动摇坚持中国共产党的领导。"坚持和加强党的领导，是人民政协开展工作必须始终遵循的一项根本原则。因此，在新的历史时期，对于人民政协来说，必须坚持以习近平新时代中国特色社会主义思想和关于加强和改进人民政协工作的重要思想为指导，进一步提高对新时期人民政协工作的认识，增强做好人民政协工作的使命感和责任感，全力助推政协工作大发展、大繁荣。

二、实事求是地开展工作，助推社会各项事业大发展

陕甘革命根据地的开辟和创建充满了曲折复杂，遭遇了难以数计的挫折和失败。可贵的是，以刘志丹、谢子长、习仲勋等为代表的陕甘共产党人都能及时总结经验和教训，把马列主义与中国的实际特别是陕甘边和陕北地区的实际结合起来，实事求是地开展工作，赢得了广大人民群众的支持，才使革命队伍逐渐壮大起来，革命根据地也逐步地建立起来，成为土地革命战争后期全国范围内"硕果仅存"的红色根据地，不仅为党中央和红军长征提供了"落脚点"，也成为八路军奔赴抗日前线的"出发点"。人民政协虽为政治机构，但不是权力机关，位置超脱，较少受部门和地区利益局限，提出的意见和建议比较客观，有助于促进党政科学民主决策。因此，人民政协组织要充分发挥这一优势，立足政治协商、民主监督、参政议政三大职能，以实事求是的工作作风，通过深入调研、视察、协商等工作，掌握真实的材料，客观公正地对经济社会发展问题提出意见和建议，为党政科学决策提供重要依据。在政治协商中要把握着重点，着重于谋发展大计，着重于对经济社会发展趋势的把握，着重于对改革发展稳定深层次矛盾的分析，着重于事关全面建设小康社会的宏观性、战略性、前瞻性问题的思考，着重于党政关注的大事和难事的对策研究。在民主监督中要找准"着眼点"，着眼于优化发展环境，选准民主监督的角度，找准民主监督的位置，力求"监"

到点子上,"督"到关键处。在参政议政时要寻求"着力点",着力于为发展服务,把调查研究作为参政议政的关键,把追求实际效果和为发展服务作为参政议政的最终目的,严把关口,做到谋政有方、参政有度、议政有力。

三、密切联系群众,架起党和人民群众之间的"连心桥"

"一切为了群众,一切依靠群众,从群众中来,到群众中去,把党的正确主张变为群众的自觉行动。"这是党在自己的工作中始终贯彻的群众路线。回顾陕甘边革命根据地时期波澜壮阔的斗争历程,其中最宝贵的一条经验是,坚持面向群众,为了人民、依靠人民,从群众中汲取智慧和力量,诚心诚意为人民谋利益。人民政协是发扬人民民主、联系各方面群众的一个重要组织,一头连着党政机关直至党政高层,一头连着基层百姓,因此,群众路线不仅是党的生命线,更是人民政协的生命线。而人民政协既为党政提供了从其他渠道不易得到的信息来源,也为广大群众了解党政工作提供了独特视角,可把一些滞留于基层、散佚于民间有识之士的鲜活情况和真知灼见,通过政协"直通车"客观、准确地反映给党政机关和决策者。为此,人民政协既要做好下情上达的工作,及时掌握社会基本情况和基层群众诉求,为党政科学民主决策提供具有参考价值的信息;又要做好上情下达的工作，加强教育引导和解疑释惑，把党政决策贯彻落实到基层，维护社会和谐。而政协委员源于基层，植根于群众之中，能够传达群众的意愿、群众的心声、群众的观点。因此，对于政协委员来说，要进一步提高政治站位，保持与界别群众的密切联系，坚持群众利益无小事，积极深入基层一线履职尽责，紧紧抓住群众最现实、最关心的热点、难点问题，尤其是事关群众切身利益的问题，倾听群众呼声，反映群众诉求，维护群众利益，做到政协委员为人民。同时，政协委员要进一步提升自身履职水平，把个人专长和议政建言更好结合起来，把自身优势和服务群众更好结合起来，把履职做实、做细、做深、做精，实实在在为人民群众鼓与呼，真真切切地架起一座党与人民群众的"连心桥"。

四、充分发扬民主，全力做好协商民主工作

在陕甘边革命根据地的创建过程中，每一项决议都严格执行群众路线和民主集中制原则，经过所有与会人员的充分讨论并投票表决，因而，赢得了民心，受到了根据地群众的广泛支持和拥护，为革命根据地的壮大奠定了坚实的基础。习近平总书记指出："有事好商量，众人的事情由众人商量，找到全社会意愿和要求的最大公约数，是人民民主的真谛。"人民政协是具有中国特色的制度安排，是社会主义协商民主的重要渠道和专门协商机构，充分发挥人民政协协商民主的作用，对凝聚共识、促进

改革发展具有重大意义。因此，人民政协协商民主工作必须坚持在党的领导下有序开展，从制度上进一步明确协商主体、协商内容、协商形式、协商程序，使制度建设能够涵盖协商民主的各个方面。同时，要按照"参政履职要与发展大局靠得更紧更实，协商民主要和人民群众贴得更亲更近"的理念，不断丰富和完善协商体系，拓展人民政协协商民主的广度和深度。在具体的协商民主工作中，要与党政工作目标一致、行动步调一致，按照"发展所需、党政所思、群众所盼、能力所及"的原则，聚焦改革发展的主要任务，精心制订年度协商计划，政治协商聚焦大事、参政议政关注实事、民主监督紧盯难事，找准切入点、结合点、着力点，深入调查研究，建真言、谋良策、出实招，并推动协商成果转化，使意见建议得到采纳和落实，为全面建成小康社会、加快推进社会主义现代化建设做出新的更大贡献。

五、广泛联系社会各界，服务于科学发展

毛泽东曾总结，统一战线是中国革命的三大法宝之一。当然，陕甘边革命根据地的成功创建，也是刘志丹、习仲勋等人认识和掌握了统战这个法宝，广泛联系社会各界，才使西北革命之火得以持续燃烧。而统一战线属性是政协的基本属性，统战功能是政协的基本功能。通过统一战线这个大舞台，团结一切可以团

结的力量，调动一切可以调动的因素，形成建设中国特色社会主义的重要力量，形成包括各民主党派团体和各族各界代表人士广泛联盟的格局，为中国特色社会主义现代化建设提供更加广泛、更加雄厚的社会基础。人民政协汇集和团结了社会各界一大批精英人士，他们或是各领域的专家学者，或是有名望的拔尖人才，或是所在界别的突出代表，这就要求人民政协要充分发挥联系广泛这一优势，加强同各民主党派、无党派和各界别人士的联系互动，与他们联谊交友，搭建履职尽责和知情明政平台，在习近平新时代中国特色社会主义思想指导下，站在更高的起点上，以更宽阔的视野，用科学的眼光，献锐敏先见之智，参宏观全局之谋。习近平总书记指出，"做好新形势下的统战工作，必须善于联谊交友"。"统一战线工作做得好不好，要看交到的朋友多不多、合格不合格、够不够铁"。"交朋友的面要广，朋友越多越好，特别是要交一些能说心里话的挚友诤友"。此外，还要探索建立健全人民政协与新的社会阶层沟通联络的新途径，"做好新的社会阶层人士工作，发挥他们在中国特色社会主义事业中的重要作用"，更好地为经济社会发展提供智力支持。

习近平总书记指出："人无精神则不立，国无精神则不强。精神是一个民族赖以长久生存的灵魂，唯有精神上达到一定的高度，这个民族才能在历史的洪流中屹立不倒、奋勇向前。"南梁精神是陕甘边共产党人在长期革命实践中形成的革命品质和革命传统，是民族精神升华的时代精神体现。在新的历史时期，人民政协要大力弘扬老一辈无产阶级革命家和共产党人在革命

战争时代用鲜血和生命铸就的南梁精神，在中国共产党的领导下，坚持人民政协性质定位，密切联系人民群众，广泛联系社会各界，聚焦党政中心工作履职尽责，紧扣保障和改善民生献计出力，实事求是地开展工作，为打赢脱贫攻坚战，决胜全面建成小康社会，实现中华民族的伟大复兴贡献智慧和力量。

（作者系镇原县政协文史资料和学习宣传委员会原副主任、中国范仲淹研究会理事、甘肃省作家协会会员）

近年来南梁精神研究情况综述

刘祯贵

2000年10月29日，原陕甘边区苏维埃政府主席习仲勋为重修《华池县志》题词："发扬南梁精神，再展华池宏图"，首次提出了南梁精神的概念。自南梁精神的概念提出后，学术界开始研究、探讨南梁精神，并形成了一系列研究成果，使南梁精神的内涵、本质、形成过程、特点等得以清晰。笔者在学习陕甘边革命根据地历史及南梁精神的基础上，对近年来南梁精神研究状况，诸如形成的历史背景、发展轨迹、本质内涵、历史价值与时代启示等方面内容进行梳理，从中深化对南梁精神的认知。

一、关于南梁精神研究整体情况的介绍

中共甘肃省委宣传部和甘肃省军区于2013年6月在甘肃庆阳召开南梁精神研讨会，对南梁精神的科学内涵、历史定位和时代价值等问题进行探讨，并取得丰硕成果。然而，南梁精神研究是个崭新课题，南梁精神与中国其他革命精神之间的关系、

清明节学生为革命烈士献花

南梁精神独特的红色基因及如何学习弘扬等问题，均有待深化研究。①彭宝珍认为，南梁精神是党的思想理论的源头活水之一，是延安精神的根和源，是甘肃最重要的红色基因和最靓丽

---

①杜永耀：《深刻认识"南梁精神" 着力提升研究水平——"南梁精神"研讨述评》，《军事历史研究》，2013年第3期。

的红色名片，应加快建设南梁精神专题数据库，以便对红色南梁历史、人物等文献资源以及与南梁精神相关的研究成果进行整理、加工，使分散、零乱的文献资源得以系统化、有序化，以图文、声像等形式进行保存。①

2018年5月30日召开的陕甘宁三省区政协南梁精神研究座谈会从不同的角度介绍了南梁精神的研究情况及今后的研究设想，并在对南梁精神进行新的探索、分析、归纳、概括等方面达成共识，拟从不同角度把南梁精神弘扬、传承下去。座谈会上，刘劲松介绍了宁夏传承和弘扬南梁精神专题研究情况及今后的研究打算，并指出宁夏对南梁精神的研究整体上还处于初始阶段。刘正平介绍了甘肃南梁精神研究现状，并提出南梁精神这一提法经历了一个演变过程。周建功介绍了陕西开展南梁精神研究的有关情况，指出要重视挖掘红色资源的时代内涵，注重开展重要党史人物研究，收集整理重要口述资料、回忆录等，支持开展专题研究。

二、关于南梁精神的内涵、历史定位研究情况

李仲立、王晓文从区域地理环境和优秀文化传统的统一角度

---

① 彭宝珍：《南梁精神专题数据库建设研究》，《发展》，2018年第10期。

来解读南梁精神,认为特定的区域地理环境、特有的历史文化传统是陕甘边根据地创建的客观条件。陕甘边区苏维埃政府的成立,正是陕甘边革命根据地创建过程中所形成的将区域地理环境和优秀传统文化相统一的南梁精神的结晶。[1]王以认为,南梁精神源于庆阳、根植人民,历经战争硝烟的洗礼,历久弥新。大力弘扬南梁精神,融入党的各项事业之中,具有重大现实意义。[2]许瑞源强调,要明晰"南梁精神"概念的文字表述依据,曾有"南梁革命精神""南梁革命传统"等文字表述。而关于"南梁精神"的文字表述,始见于习仲勋为重修《华池县志》的题词"发扬南梁精神,再展华池宏图"。[3]

王锐认为,南梁精神是在创建以南梁为中心的陕甘边革命根据地的过程中形成的一种革命精神。南梁精神是我们党宝贵的精神财富和克敌制胜的强大精神武器,是一种积极向上的革

---

[1]李仲立、王晓文:《区域地理环境和优秀文化传统的统一——南梁精神解读》,《陇东学院学报》,2019年第1期。

[2]王以:《南梁精神的内涵和价值研究》,《开封教育学院学报》,2016年第3期。

[3]许瑞源:《明晰"南梁精神"的历史定位》,《甘肃日报》,2015年10月13日。

命精神。①赵晓燕认为,南梁精神是根据地党政军民在长期革命斗争中所培育和形成的一种主体精神,具有极为丰富的内涵。②路小庚等人认为,南梁精神包括艰苦奋斗、自力更生的创业精神,实事求是、团结协作的大局精神和忠于党、忠于事业的奉献精神。③

朱栋认为,南梁精神是廉政文化建设的鲜活旗帜,南梁是甘肃革命传统教育资源最为集中的地方。朱栋还专门论述南梁精神是廉政文化建设的鲜活旗帜。以坚定信念、清廉为民、艰苦奋斗、清正廉洁、民主团结等为主要内涵的南梁精神,是发展廉政文化和开展反腐倡廉的不竭源泉。④王幸生、韩金强从南梁精神是我党、我军优良传统和革命精神的重要源头角度,论述了南梁精神的主要内涵及其现实意义。认为南梁精神集中体现了党的性质、宗旨和无产阶级的彻底革命性,体现了马克思主义的世界观和首创精神,体现了共产主义的理想、信念和高尚

---

①王锐:《南梁精神的本质属性》,《甘肃日报》,2015年3月6日。

②赵晓燕:《论南梁精神的基本内涵》,《法制与社会》,2015年第3期。

③路小庚、何盼锋、杜晓蓉:《南梁精神内涵及现实意义述略》,《现代妇女》,2014年第5期。

④朱栋:《南梁精神是廉政文化建设的鲜活旗帜》,《现代妇女》,2013年第2期。

的道德情操。①曲涛论述了南梁精神的历史定位和科学内涵，认为南梁精神的内涵包括：顾全大局、忍辱负重的忠诚精神；勇于实践、积极探索的开拓精神；团结协作、扩大力量的包容精神；深入群众、艰苦创业的奉献精神。研究南梁精神的历史定位和科学内涵，有利于全面认识陕甘边革命根据地在中国革命历史进程中的特殊地位。②

傅传玉认为，"硕果仅存"的陕甘革命根据地用热血与生命铸就了伟大的南梁精神。南梁精神具有十分丰富的内涵和鲜明特征。③傅传玉还提出要深刻理解南梁精神的科学内涵，坚定信念与百折不回是南梁精神的核心，实事求是与勇于创新是南梁精神的精髓，顾全大局与团结进取是南梁精神的关键，一心为民与面向群众是南梁精神的根基。④王晋林认为，南梁精神不仅有

---

①王幸生、韩金强：《我党我军优良传统和革命精神的一个重要源头——论南梁精神的主要内涵及其现实意义》，《西安政治学院学报》，2013年第6期。

②曲涛：《论"南梁精神"的历史定位和科学内涵》，《军事历史研究》，2013年第3期。

③傅传玉：《从"硕果仅存"看"南梁精神"》，《光明日报》，2013年7月1日。

④傅传玉：《大力弘扬南梁精神 努力培育优良作风》，《军事历史》，2013年第4期。

着丰富的内涵，也有着显著的特色，其显著特色主要表现在：实事求是，以坚持从实际出发为核心；矢志不渝，以坚持开展游击战争为前提；面向群众，以建立与人民群众的血肉联系为基础；求真务实，以坚持党的正确领导为保证。南梁精神的显著特色，也是南梁精神的精髓。[1]

三、关于南梁精神的历史价值与现实启示研究情况

南梁精神深具历史价值与现实启示。杨元忠、李荣珍认为，南梁精神的历史价值主要表现在：坚定信念、百折不挠的奋斗精神；勇于探索、锐意进取的创新精神；一往无前、不怕牺牲的献身精神；实事求是、不尚空谈的求实精神；忠诚于党、无私奉献的大局精神；面向群众、勤政为民的公仆精神。[2]杜永耀则认为，南梁精神蕴含着一切从实际出发、坚定不移的革命信念、紧紧依靠广大人民群众、创造性地执行党的方针政策等优良传统和先进思想。[3]

---

[1] 王晋林：《南梁精神的显著特色》，《甘肃日报》，2013年4月17日。

[2] 杨元忠、李荣珍：《南梁精神的历史价值》，《甘肃日报》，2013年1月18日。

[3] 杜永耀：《穿越时空的"南梁精神"》，《光明日报》，2013年1月7日。

陕甘革命根据地作为当时"硕果仅存"的红色区域，成了党中央和中央红军长征的落脚点、八路军奔赴抗日前线的出发点。高永中认为，南梁精神的历史地位就是由"两点一存"的历史地位决定的，是"硕果仅存"的陕甘革命根据地的精神指南和精神支柱。南梁精神是一笔宝贵的、巨大的、独具历史地位的精神财富，值得进一步深入研究。[1]曹殊、王晋林则认为，南梁精神是土地革命时期马克思主义中国化在西北地区具体实践的结晶，是在斗争中培育和凝聚而成的一种主体精神；认识南梁精神的历史价值和时代意义，对于传承和弘扬南梁精神，坚定理想信念，具有重要的作用。[2]赵远兴认为，深入了解南梁精神的内涵，揭示其当代价值，汲取南梁精神的红色文化基因，对于增强党员干部的宗旨意识、增强党性、坚定理想信念、形成求实开拓工作作风，具有重要的历史借鉴意义和现实启示。[3]

---

[1]高永中:《南梁精神的历史地位和时代意义》，《陇东学院学报》，2019年第1期。

[2]曹殊、王晋林:《南梁精神的历史价值和时代意义》，《陇东学院学报》，201年第1期。

[3]赵远兴:《南梁精神及现实启示》，《天水行政学院学报》，2017年第1期。

四、关于如何弘扬南梁精神的研究情况

南梁精神在中国特色社会主义新时代具有重要的时代价值。李荣珍认为,毛泽东对南梁精神的认同,为继承和弘扬南梁精神指出了方向,从中可以看到南梁精神的真谛之所在。[①]刘正平强调,弘扬南梁精神能够增强党员干部担当的勇气,并提出弘扬南梁精神决胜全面建成小康社会的方法,比如:面向群众是南梁精神的根基,也是加快全面建成小康社会的出发点和落脚点;坚守信念是南梁精神的核心,也是加快全面建成小康社会的力量源泉;顾全大局是南梁精神的特质,也是加快全面建成小康社会的重要保证;求实开拓是南梁精神的精髓,也是加快全面建成小康社会的方法路径。[②]

刘志平认为,南梁精神是时代的传家宝。[③]田静认为,党校应履行起传播南梁精神的神圣使命,通过南梁精神进课堂、进教

[①] 李荣珍:《从毛泽东的评价看南梁精神》,《陇东学院学报》,2019年第1期。

[②] 刘正平:《弘扬南梁精神 决胜全面小康》,《甘肃日报》,2017年5月26日。

[③] 刘志平:《南梁精神时代的传家宝》,《现代审计与经济》,2016年第3期。

材、进头脑工作，真正使南梁精神入耳、入脑、入心。①《传承南梁精神 坚定理想信念》一文指出，为教育引导广大党员干部凝聚起干事创业的强大精神力量，应在"三严三实"专题教育中传承南梁精神，坚定理想信念，强化责任担当。②

《甘肃日报》2014年9月28日评论员文章《铭记南梁精神》认为，在全面深化改革的今天，铭记并弘扬宝贵的南梁精神，具有重要的现实意义。路小庚等人认为，研究和弘扬南梁精神对我国经济建设、文化生活、政治文明以及建设中国特色社会主义具有重要的现实指导意义。张文先提出，要结合正在开展的党的群众路线教育实践活动，深入基层积极宣传南梁精神。③王忠泰提出，以学习弘扬南梁精神、实践党的群众路线教育为切入点，准确把握"用好南梁精神建设队伍，用活南梁精

---

①田静：《弘扬南梁精神 发挥党校主阵地作用》，《发展》，2015年第10期。

②《传承南梁精神 坚定理想信念》，《人大研究》，2015年第7期。

③张文先：《大力弘扬南梁精神 践行党的群众路线》，《光芒》，总第53期）。

神历练队伍,用足南梁精神激励队伍"的教育关键。①夏红民认为,南梁精神蕴含着群众的智慧和力量。②赵昌军提出,用南梁精神来培育和践行社会主义核心价值观,南梁精神是社会主义核心价值观的重要组成部分。③傅传玉指出,弘扬南梁精神是加强党性修养的时代要求,坚持群众路线的具体举措,是我军不辱使命的有力保证。④王锐指出,学习和弘扬南梁精神,对于贯彻落实十八大精神,保持党的纯洁性,永葆党的政治本色和生机活力,具有十分重要的现实意义。⑤

五、关于南梁精神体现革命者的人格魅力研究情况

傅传玉认为,南梁精神不仅充分反映了老一辈无产阶级革命家的优秀品质,也集中体现了根据地党员干部和红军的革命

---

① 王忠泰:《弘扬南梁精神 忠诚履行使命 全力营造良好的富民强县社会治安环境》,《甘肃日报》,2014年7月17日。

② 夏红民:《弘扬南梁精神 密切联系群众》,《甘肃日报》,2014年5月5日。

③ 赵昌军:《用南梁精神培育和践行社会主义核心价值观》,《甘肃日报》,2014年9月28日。

④ 傅传玉:《弘扬南梁精神 培育优良作风》,《解放军报》,2013年7月2日。

⑤ 王锐:《弘扬南梁精神 推动转型跨越》,《光明日报》,2012年12月8日。

精神和优良作风,承载着中国共产党人的红色基因。[1]祝彦认为,陕甘根据地之所以能成为"硕果仅存"的革命根据地,其重要原因就是有体现那一代共产党人的人格魅力的南梁精神。[2]杜永耀认为,刘志丹、谢子长、习仲勋等领导人,无论是面对"左"倾错误路线执行者的无端指责和撤职,还是面对内部的意见分歧和争论,甚至在遭到错误肃反、身陷囹圄的情况下,都始终坚持革命信念不动摇,以革命大局为重,保持高度的组织纪律观念。[3]

欧阳坚认为,南梁精神的形成和发展,处处闪耀着群众领袖的革命风范、高尚品德和人格魅力。刘志丹、谢子长、习仲勋是南梁革命根据地人民群众爱戴和敬仰的群众领袖,南梁精神中闪烁着他们智慧的光芒和高尚的人格魅力。敢于担当,始终坚持党的正确领导,是南梁精神中求实开拓的一个重要方面,也彰显出作为群众领袖的刘志丹、谢子长、习仲勋等共产党人敢于坚

---

[1] 傅传玉:《弘扬南梁精神 培育优良作风》,《解放军报》,2013年7月2日。
[2] 祝彦:《"南梁精神"与共产党人的人格魅力》,《中共贵州省委党校学报》,2014年第3期。
[3] 杜永耀:《穿越时空的"南梁精神"》,《光明日报》,2013年1月7日。

持真理、敢于修正错误的政治勇气。群众领袖是"面向群众"的模范、"坚守信念"的楷模、"顾全大局"的典范、"求实开拓"的杰出代表。①

六、关于近年来南梁精神研究情况的几点看法

通过梳理，笔者认为学术界的南梁精神研究有如下几个特点：

一是研究者从不同角度探讨、分析了南梁精神的历史定位、本质内涵、时代特征与现实意义，研究范围涉及南梁精神的宗旨意识、思想路线、理想信念、工作作风，以及在新时代如何弘扬南梁精神。

二是南梁精神的研究队伍是多层次的，基本上涵盖了国内从事陕甘革命根据地研究的专家、学者。其中，南梁精神的科学内涵问题，成为研究者重点研讨的内容。

三是研究者从南梁精神蕴含的宗旨意识、理想信念、工作作风、牺牲精神等方面，对南梁精神进行分析探讨、概括论述，从而深化了对南梁精神的认识。

四是研究者从南梁精神所蕴含的光荣传统和优良作风入手，

---

①欧阳坚：《南梁精神与群众领袖的人格魅力》，《学习时报》，2018年9月12日。

强调了南梁精神的时代价值,特别是通过探讨南梁精神所体现的革命者的人格魄力研究如何弘扬南梁精神等内容,增强了对南梁精神历史地位的认知。

五是南梁精神对当前强化党员干部的工作作风,坚持群众路线实践,开展"不忘实心、牢记使命"主题教育等方面,都有着借鉴和启示作用。

由于南梁精神研究工作起步较晚,缺少专门的南梁精神研究机构,研究力量过于分散,研究成果未能整合,与其他革命精神的研究相比,南梁精神研究还存在研究面不宽不广、研究成果不多不深、研究资料分散且不成系统等问题。在中国特色社会主义新时代,应继续加大、深化南梁精神内涵、地位等不同领域的研究,特别是要做好南梁精神相关革命文献、遗址遗迹的保护利用工作,构建起南梁精神红色文化的传承保护机制,结合"不忘实心、牢记使命"主题教育,深化南梁精神的运用研究,让南梁精神这一红色文化"富矿"在实现中华民族伟大复兴中国梦的伟大征程中更好地发挥激励作用。

(作者系四川省成都市住房和城乡建设局调研员)

陕甘革命历史题材长篇小说、连环画创作出版述略

王立明

陕甘革命根据地是土地革命战争后期全国"硕果仅存"的革命根据地,为长征中的党中央和各路红军提供了落脚点。此后发展成为陕甘宁抗日根据地,成为八路军奔赴抗日前线的出发点,在全民族抗日战争、解放战争中,是党中央指挥全国革命的大本营。为此,一些作家、艺术家创作出版了许多小说、连环画,再现了那一段光辉的历史。作者基于多年研究,试对45种陕甘革命历史题材长篇小说、连环画的创作出版情况,做简要梳理。

一、作品简介

(一)长篇小说(21种)

1.《保卫延安》。杜鹏程(1921—1991,陕西韩城市人)著,36万字。人民文学出版社1954年首次出版,后多次再版,并译成外文出版。作品描写1947年国民党军以绝对优势兵力发动对陕甘宁边区的重点进攻,西北野战军由防御转为进攻,取得辉煌胜利的故事,赞颂解放军指战员镇定自若、运筹帷幄的大将风度

和战士们奋不顾身、视死如归的革命精神。

2.《秦川儿女》（一、二、三）。刘波泳（1922—2000，陕西渭南市人）著，96.4万字。人民文学出版社1979年出版。该书描写清末到20世纪20年代后期，陕西关中农村尖锐复杂的社会矛盾，围绕秦柏生一家的悲惨遭遇，着重描写大革命失败前后各种社会力量的冲突变化，刻画了形形色色的人物形象，揭示广大民众翻身解放的必由之路。其中穿插描写渭华起义，颂扬劳动人民不屈不挠的斗争精神。

3.《刘志丹》（一、二、三）。李建彤（女，1919—2005，河南许昌市人，刘志丹的弟媳）著，113万字。1962年小说上卷脱稿后，在《工人日报》《中国青年》《光明日报》连载或登载部分章节。1979年工人出版社出版上卷，1984年文化艺术出版社出版第一、二、三卷，2009年，江西教育出版社重新出版第一、二、三卷。此外，1982年、1983年民族出版社分别出版蒙古文版、朝鲜文版《刘志丹》。小说描写了陕甘革命根据地在广阔的历史背景和错综复杂的斗争中形成和发展，歌颂了被毛泽东誉为"群众领袖、民族英雄"的刘志丹烈士的光辉业绩。

4.《红河丹心》。张俊彪（1952年生，甘肃正宁县人）、曹焕荣（1946年生，甘肃正宁县人）著，14.4万字。甘肃人民出版社1982年出版。小说以《一心向往》《播火夺枪》等10个环环相扣的故事，记述了红河沿岸一支农民游击队的战斗历程，塑造了战斗英雄赵铁娃（赵德荣）的典型形象。

5.《刘志丹的故事》。张俊彪著，10.1万字。甘肃人民出版社1983年出版。小说围绕刘志丹一生探求革命真理的伟大实践，按照年代顺序记录了他的一些生活片断，组成一部"分则各自成章，合则自具首尾"的革命故事集，从不同侧面歌颂了刘志丹的革命精神和光辉的战斗生涯。

6.《山鬼》。张俊彪著，21万字。解放军出版社1987年出版。小说描写在军阀混战、匪盗横行的岁月，陇东子午岭林缘马家村的山民们为了生存而成立游击队，走上革命道路的故事。

7.《白鹿原》。陈忠实（1942—2016，西安市灞桥区人）著，49.6万字。人民文学出版社1993年出版，后多次再版。小说以陕西关中平原上素有"仁义村"之称的白鹿村为背景，细腻地反映出白、鹿两大家族祖孙三代50年的恩怨纷争，穿插描写了渭北革命斗争史。据说，《白鹿原》中的女主角之一白灵的原型就是曾任陕甘边区苏维埃政府妇女委员长的张景文。[①]

8.《延河魂》。秦时暐（1927年生，甘肃正宁县人）著，36.5万字。敦煌文艺出版社1993年出版。小说描写延河游击队的成长过程和游击队员的足智多谋、英勇善战，谱写了一曲英雄主义的赞歌。

[①] 田力：《她是小说〈白鹿原〉中白灵的原型——陕甘边第一任妇女委员长张景文》，《各界导报》，2018年2月12日。

9.《马锡五断案》。赵菊香(1949年生,甘肃正宁县人)著,20万字。甘肃文化出版社2001年出版。小说通过《桂花之死》等11个故事,展现了马锡五1943至1946年在陕甘宁边区或亲自审理,或精心指导判案的故事。

10.《陈珪璋演义》。高俊才(1950年生,甘肃正宁县人)著,20万字。(香港)天马图书出版公司2001年出版。小说描写20世纪初陇东地区贫苦农民陈珪璋领导饥民队伍举事造反、劫富济贫,成为一代枭雄的故事。小说虽以陈珪璋为主角,但艺术化地穿插描写了刘志丹进行兵运活动的革命历史。

11.《革命斗争系列小说之一:陇东枭雄》。龙行(1925—2011,甘肃庆城县人)著。太白文艺出版社2003年出版第一版,2007年出版第二版。小说背景同《陈珪璋演义》。

12.《革命斗争系列小说之二:城外枪声》。龙行著。太白文艺出版社1998年出版第一版,2007年出版第二版。小说描写解放战争时期西北战场陇东一带,我方利用敌人某要员的社会关系,派员打入敌特工组,城内城外配合,历经艰险,搜集敌军情报的故事。

13.《革命斗争系列小说之三:西进追击》。龙行著。太白文艺出版社1998年出版第一版,2007年出版第二版。小说描写解放战争时期第一野战军追击西北敌军,开展最后一次大决战的故事。

14.《半月》。高俊才著，23.2万字。吉林大学出版社2006年出版。该书以清朝末年到中华人民共和国成立前夕的陇东为描写背景，以一个普通女性半月的成长史为主线，反映了女性在新旧交替的时代背景下艰难生存、抗争命运、追求爱情的苦难历程。

15.《山魂》。范康（1964年生，甘肃正宁县人）著，21万字。甘肃人民美术出版社2009年出版。小说描写穷苦农民张拴龙为逃避地主、保安团的迫害，投身革命进行反抗压迫的斗争的故事。

16.《红色圣地上的呼啸声——习仲勋在陕甘边区》。路笛（1938年生，甘肃正宁县人）、路小路（1958年生，甘肃正宁县人）著，20万字。作家出版社2010年出版。该书记述了第二次国内革命战争时期，刘志丹、谢子长、习仲勋等陕甘边革命根据地的创建者，不畏艰险，顽强拼搏，与凶恶的敌人斗争，同党内的错误路线斗争，终于在大西北陕甘边区开辟了一块革命圣地的故事。

17.《风过黄龙》。徐剑铭（1945年生，江苏丰县人）、李丽玮（女，1956年生，山东人）著，30万字。解放军文艺出版社2014年出版。小说描写1934年国民党对陕甘边区发动"围剿"，刘志丹、习仲勋派红三团司务长黄罗武北上黄龙山，劝降、收编山上土匪武装，最终说动因出身贫苦而落草为"山大王"的郭宝珊率部投奔红军，从而壮大革命力量的故事。

18.《山丹花》。杨中义（1948年生，甘肃环县人）著，40

万字。敦煌文艺出版社2014年出版。小说以陇东革命老区雄浑壮烈的革命斗争及沸腾火热的经济建设为题材，以陕甘宁边区革命战争年代、中华人民共和国成立初期和实行改革开放3个重要历史时期为背景，讴歌陇东人民在中国共产党领导下，不惧环境艰险，不畏敌人凶残，不怕困难重重，机智勇敢，顽强战斗，前赴后继，无私奉献，从胜利走向胜利的光辉历程。

19.《南梁游击队》。袁铭军（1959年生，甘肃华池县人）、白世虎（1970年生，陕西吴起县人）著，30万字。现代出版社2015年出版。小说以南梁游击队在国内革命战争中的光辉战斗历程为背景，描写了赵连璧、冬梅等穷苦青年身负家仇国恨投身革命的英勇历程。

20.《根据地》。党益民（1963年生，陕西富平县人）著，33.2万字。太白文艺出版社2015年出版。小说立足从照金到南梁的革命斗争史实，再现刘志丹、谢子长、习仲勋等老一辈革命家创建陕甘革命根据地的艰难历程，塑造了众多革命者形象，首次揭秘陕甘红军革命故事，全景式地记述这一波澜壮阔的革命进程，为读者打开了一扇回眸历史的独特视窗。

21.《烽火南梁》。朱琏学（1961年生，甘肃华池县人）著，52万字。敦煌文艺出版社2017年出版。小说以刘志丹、习仲勋等领导的西北土地革命斗争为大背景，以华池县阎家洼子42位烈士为原型，围绕创建南梁革命根据地这根红线，讲述当地群众组织带领穷苦乡亲前赴后继，全力支援红军、赤卫军英勇作战，冒着危险救护红军伤员的故事，从而歌颂老一辈工农革命者的奋斗精神。

(二) 连环画 (24 种)

1.报刊刊载的连环画 (4 种)

(1)《劳动英雄孙万福》(7 幅)，《解放日报》1944 年 3 月 14 日第 4 版刊载，夏风绘。介绍著名民歌《咱们的领袖毛泽东》的作者、陕甘宁边区劳动英雄孙万福的耕作经验。

(2)《刘志丹画传》，根据董均伦原著改编，张文元绘，重庆《新民报》1950 年 8 月至 9 月连载 (每期两幅，总幅数不详)。

(3)《人民英雄刘志丹》(49 幅)，《富春江画报》1984 年第 8 期刊载，苏逸编文，潘蘅生绘。

(4)《陕甘星火》，《连环画报》1984 年第 1 期刊，李振坤绘，系单本连环画《陕甘星火》的选刊。

2.印刷出版的连环画 (20 种)

(1)《威震爷台山》，陆岩石编，西民绘，反映爷台山保卫战的壮阔场景，人民美术出版社 1974 年出版，64 开。

(2)《刘志丹的青少年时代》，张连寿据张光、刘力贞有关文章改编，刘永杰绘，陕西人民出版社 1980 年出版，50 开。

(3)《转战陕北》，本吉、阳子编文，杜滋龄、刘希立绘，河北人民出版社 1980 年出版，64 开。2009 年河北美术出版社编入《红色经典连环画库：英雄谱》出版，大 32 开。描绘解放战争时期毛主席指挥西北野战军转战陕北的历史。

(4)《南梁烽火》，袁烈州据长篇小说《刘志丹》改编，张绰绘，天津人民美术出版社1980年出版。

(5)《转战陕北》，杨云庆编文，张永新、张洪文绘，辽宁美术出版社1982年出版，64开。

(6)《保卫延安》（上、下），穆兰据长篇小说《保卫延安》改编，王胜利、刘白鸿绘，描绘西北解放战争，甘肃人民出版社1982年出版，64开。

(7)《保卫延安》（上、下），冯复加据长篇小说《保卫延安》改编，侯德钊、赵建明绘，人民美术出版社1982年出版，64开。

(8)《红河激浪》，王曼生据电影文学剧本《红河激浪》改编，裴广铎、郭文涛绘，甘肃人民出版社1984年出版，64开。

(9)《保卫延安》（上、下），范成璋编文，雷德祖、雷似祖绘，浙江人民美术出版社1984年出版，64开。

(10)《陕甘星火》，刘艺、青东据李建彤长篇小说《刘志丹》改编，李振坤绘，连环画出版社于1984年、2011年出版，50开。

(11)《群众领袖　民族英雄：刘志丹》，袁方彩绘，陕西人民美术出版社2009年出版，16开。

(12)《红色经典连环画库：保卫延安》，赵隆义等绘，河北美术出版社2012年出版，32开。

(13)《马文瑞画传》，钱定华彩绘，文汇出版社 2012 年出版，12 开。

(14)《中华红色教育连环画：刘志丹》，张绰等绘，河北美术出版社 2012 年出版，小 16 开。

(15)《陇东革命故事连环画丛书：红色南梁》（4 册），马兴文等编文，王连城等绘，连环画出版社 2011、2013 年分别出版，32 开（黑白版）、12 开（彩版）两种。

(16)《画说革命家风采 3：彭湃、方志敏、刘志丹传奇》，王曼等编文，刘启瑞等绘，连环画出版社 2014 年出版，16 开，翌年重印。

(17)《星火燎原系列连环画：陕甘红星》。徐婧编绘，解放军出版社 2014 年出版，32 开。描绘 1927 至 1935 年，刘志丹、谢子长、唐澍、习仲勋等在陕甘边区、陕北等地经过艰苦卓绝的武装斗争，建立起陕甘革命根据地的历史。

(18)《星火燎原系列连环画：转战陕北》，刘标玖、王海英编文，何保全、于泉滢绘，解放军出版社 2015 年出版，32 开。

(19)《少年谢子长》，白杨绘，华夏文艺出版社 2015 年出版，32 开。

(20)《长征·1936》三部曲，沈尧伊绘，人民美术出版社 2016 年出版，有多种开本。描绘 1935 年 10 月到 1936 年 10 月期间中国工农红军的长征历史。

二、主要特点

（一）涌现出一批精品。如《保卫延安》被认为是"我国建国初期第一部讴歌人民解放战争的名著""我国描写现代战争的长篇小说的里程碑"。[①]《白鹿原》1997年获中国长篇小说最高荣誉———第四届茅盾文学奖。连环画《长征·1936》三部曲，由著名画家沈尧伊编绘，成为收藏珍品。连环画《陇东革命故事连环画丛书：红色南梁》，叙事范围广，编创人员多，绘画门类众，亦属精品。

（二）编纂出版者个人居多。

（三）进入新世纪，创作出版进入高潮。

三、存在问题

1.题材敏感，创作容易引起争议。《保卫延安》《刘志丹》《秦川儿女》均曾被诬为"利用小说反党"，粉碎"四人帮"后作者才恢复名誉。

[①]熊坤静：《长篇小说〈保卫延安〉诞生前后》，《百年潮》，2007年第8期。

2.选题不科学，较分散。缺少"全景式"的精品大制作，更鲜见在中国革命史大背景下有突破的作品。

3.作品数量仍嫌稀少。陕甘革命历史题材内容丰富，但相对于新世纪中国每年出版1000多部长篇小说的数量来说，陕甘革命历史题材的长篇小说出版的数量还是太少，应当进一步扩大。

4.作品艺术性有待提高。近年来创作的长篇小说，反映的社会生活面不够广阔，对敌人的刻画显得单薄，英雄人物内心世界的开掘也不够丰富多彩，节奏上略嫌单调，存在简单记述史实的问题。有的连环画线条粗疏，画面不精美，不形象传神，艺术感染力不够强。

四、意见建议

（一）作家、艺术家要解放思想。陕甘革命历史上原先有争议的一些事件，中央已有结论；对一些敏感人物的功过得失，只要抱着历史唯物主义的态度进行艺术处理，是不难做到的。关键还是要解放思想，不自设禁区，不畏首畏尾，如此才能大胆创作，创出精品。

（二）作品要保证史实准确。对现有资料的研究，除中国共产党一方的资料外，还要搜集挖掘整理国民党一方的资料，以期在相互订正、辨误中还原历史，求得历史的真实。尤其是创作长篇小说，描写陕甘革命史，就要在重大历史问题上符合历史的真

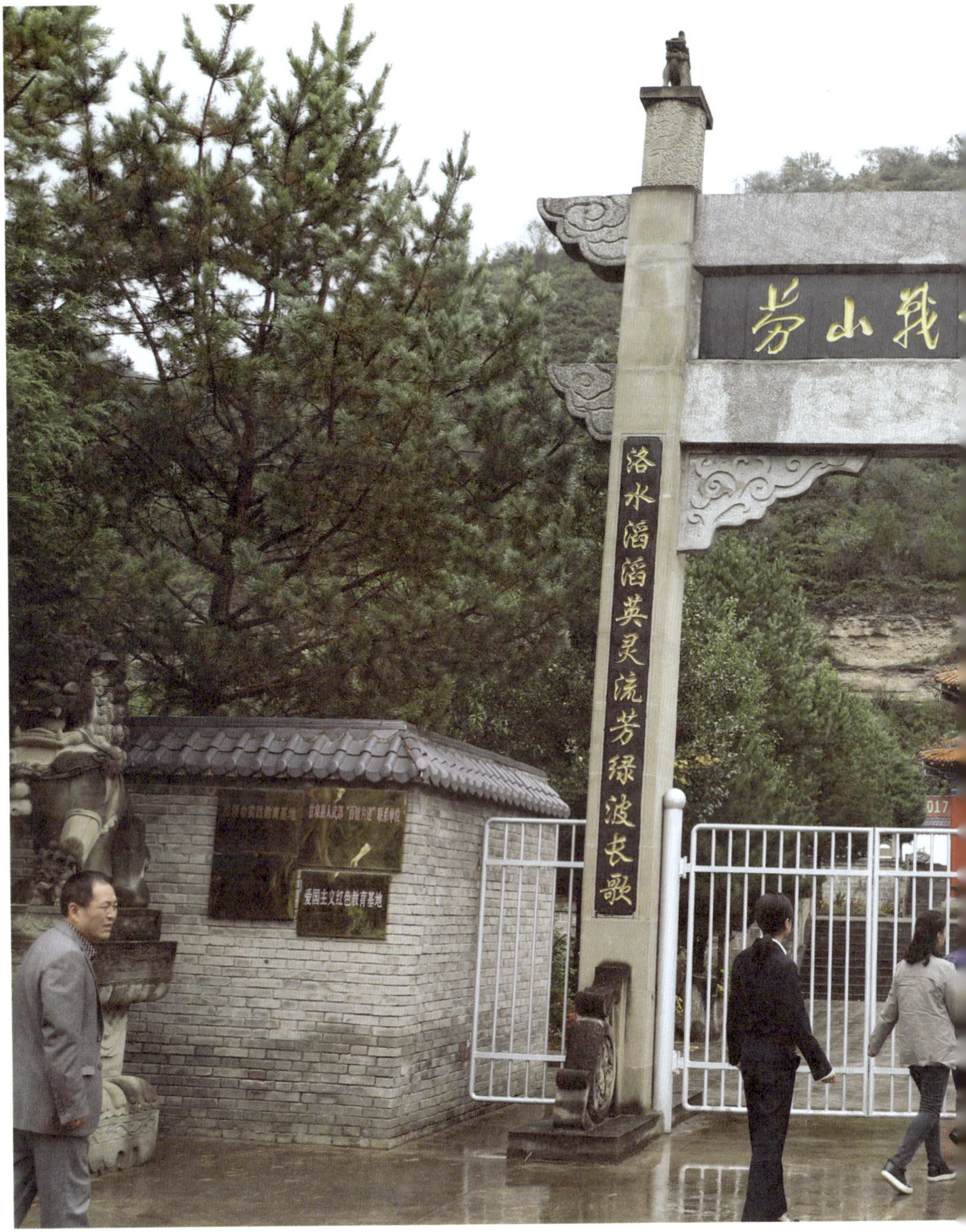
洛水滔滔英灵流芳绿波长歌
爱国主义红色教育基地

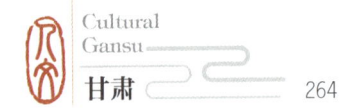

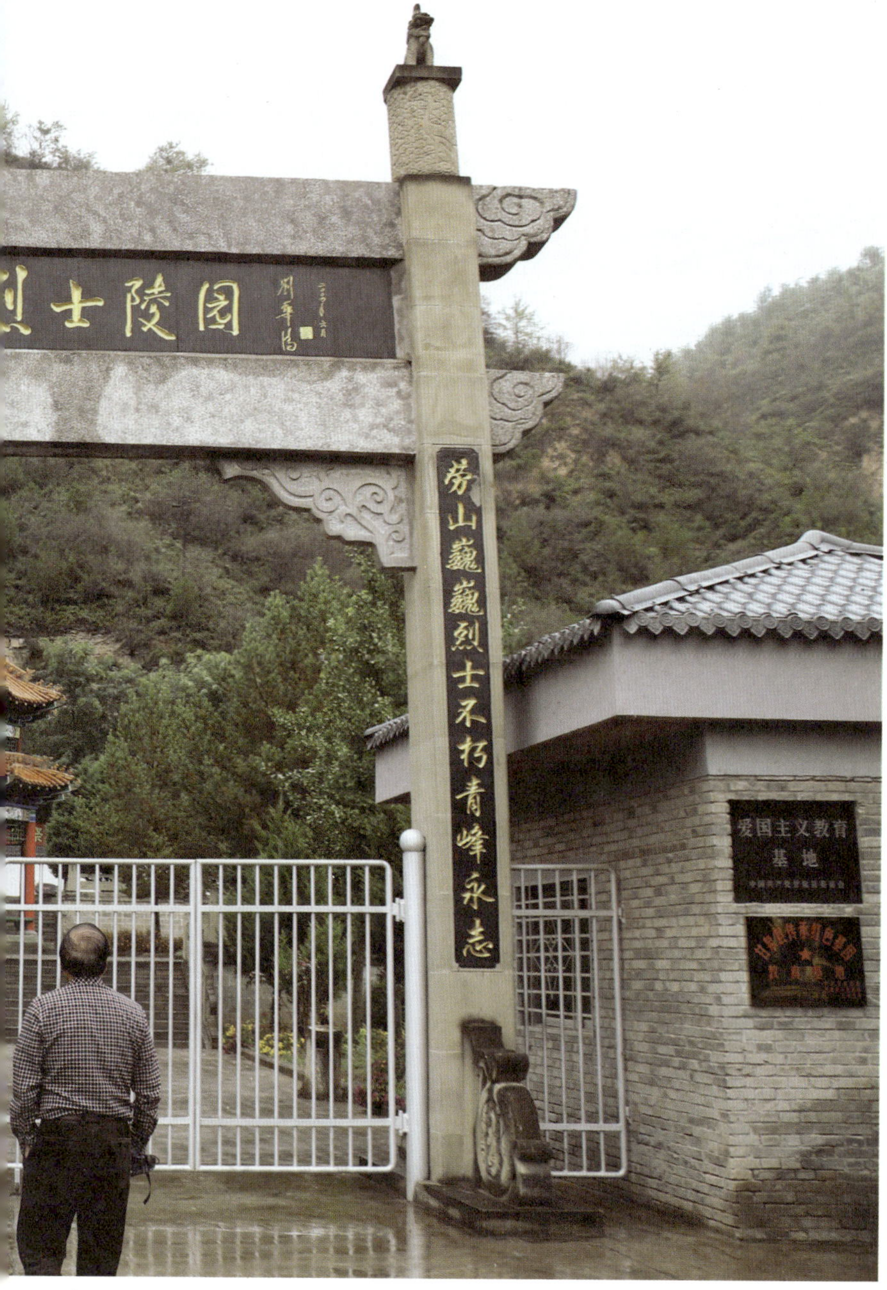
士陵园
劳山巍巍烈士不朽青峰永志
爱国主义教育
基地

实情况，绝不可生编滥造，颠倒重大的历史史实，尤其不应带有宗派主义的偏见，把历史弄得面目全非。

（三）作品要提高艺术质量。作家、艺术家要在深入生活上下功夫，更大范围增加社会阅历，拓展作品的深度和广度；锤炼写作技巧，全面提高作品的艺术感染力，以期创作出更多能传之后世的精品佳作。

（作者系中共正宁县委党史办主任、正宁县史志办主任）